명심보감

KB193025

지혜의 샘 시리즈 ❻

명심보감

개정판 1쇄 발행 | 2025년 04월 30일

지은이 | 추적 · 엮은이 | 김영진

발행인 | 김선희 · 대 표 | 김종대
펴낸곳 | 도서출판 매월당
책임편집 | 박옥훈 · 디자인 | 윤정선 · 마케터 | 양진철 · 김용준

등록번호 | 388-2006-000018호
등록일 | 2005년 4월 7일
주소 | 경기도 부천시 소사구 중동로 71번길 39, 109동 1601호
       (송내동, 뉴서울아파트)
전화 | 032-666-1130 · 팩스 | 032-215-1130

ISBN 979-11-7029-260-9 (00150)

明 心

명심보감

추적 지음 | 김영진 엮음

寶 鑑

《명심보감》은 선현들의 주옥 같은 명언과 격언들을 모아서 만든 책이다. 이 책은 우리나라에서 주로 한문을 시작할 때 《천자문》을 익힌 다음 배우는 《동몽선습》, 《격몽요결》 등의 책과 더불어 한문의 기초를 다지는 주요 교재로 쓰여왔다. 특히 청소년들의 마음을 순화시키고 삶의 지혜를 일깨워 주는 데 큰 역할을 했고, 이 때문에 많은 사람들은 이 책을 평생 인생의 지침서로 삼는다.

조선 시대 대학자인 율곡 이이(李珥 1536~1584)도 일찍이 이렇게 말했다.

"지난 겨울에 아버지께서 영남에서 돌아오실 적에 손수 《명심보감》 한 권을 가지고 오셨는데 거기에 실린 수백여 말들이 모두 선을 권하고 악을 징계하는 글이었다. 나는 자주 펴 읽으면서 일찍이 팔을 치며 감탄치 않을 수 없었다. …… 만일 배우는 자로 하여금 이렇게 좋은 말을 보고 일어나게 한다면 급히 이미 더럽혀진 허물을 씻고 아직 덜 묻은 때도 씻어 낼 수 있을 것이니 세상의 마음을 밝히려는 자가 이 책을 버리고 무엇으로써 할 수 있겠는가?"

이 책은 원말명초(元末明初) 때의 학자인 범립본(范立本)이 편찬한 것으로 상·하 2권에 모두 20편으로 구성된 것이었다. 고려 말기에 우리나라로 들어온 후, 충렬왕 때의 문신인 추적(秋適)이 원본의 내용을 보다 간추려서 19편으로 만들어 널리 유포했다. 그 후, 다른 사람들도 책의 내용에 증감을 시도한 적이 있었는데, 대개 추적이 재편찬한 것을 바탕으로 삼은 것으로 알려지고 있다.

《명심보감》은 '마음을 밝히는 보배로운 거울'이란 뜻을 지닌 책이다. 이 책명에 대해 조선 순조 때의 성리학자인 이원조는 다음과 같이 해설했다.

"마음은 한 몸의 주재(主宰)가 되기 때문에 마음을 밝히지 않으면 행실이 드러나지 않고 버릇도 살필 수 없다. 이것이 이 책의 이름이 된 까닭이다. 마음의 본체는 본래 밝은 것이지만 사물에 가리면 어둡게 되는 것이므로 주자는 시에서 거울의 맑음에 비유했다. 거울에 비춰서 밝음과 같은 나의 마음을 반성하여 닦으면 이 책 가운데 기재된 것이 명심의 요점이 아님이 없을 것이다."

이처럼 《명심보감》은 심성의 반성을 통해 인간 본연의 양심을 보존하고 인간이 나아갈 바른길을 제시해 주고 있다. 좀더 구체적으로 설명하자면 자연과 하늘의 이치에 순응하면서 자기 자신의 양심과 분수를 지키고, 부모 · 형제 · 친구 간의 사랑과 의리를 통하여 집안을 다스리며 사회와 나라에 유용한 인재가 되는 실제적인 처세법을 알려 주고 있는 것이다. 아울러 한문의 기초적 이해를 도모할 수 있는 일석이조의 책이라 자신 있게 권해 주고 싶다.

엮은이 **김 영 진**

차례

계선편(繼善篇)
– 끊임없이 착한 일을 하자

계(繼)는 '이어간다.' '계속하라.' 선(善)은
'착하다.' '선행' 등을 뜻하며, 계선은 '선행을
이어나가라.' '선행을 계속하라.' 란 의미를 지
니고 있다. 인간 사회에서 선을 권하고 악을
금하는 '권선징악' 은 예로부터 지금까지 변할
수 없는 가르침이자 진리이다. '착한 일을 하
는 사람에게 복이 오고 악한 일을 하는 사람에
게는 화가 미친다.' 는 너무나 인간적인 신념을
바탕으로 선행을 권장하는 글귀가 수록되어
있다.

선한 일을 하는 자에게는 하늘이 복을 주고,
선하지 못한 일을 하는 자에게는 하늘이
재앙을 내린다.

— 공자(孔子)

爲善者는 天報之以福하고
위 선 자　　천 보 지 이 복

爲不善者는 天報之以禍니라.
위 불 선 자　　천 보 지 이 화

한자 풀이

爲(할 위) 善(착할 선) 者(사람 자) 天(하늘 천)
報(보답할 보) 之(갈, 지시대명사 지) 以(써 이)
福(복 복) 不(아니 불) 禍(재앙 화)

어휘 풀이

爲善者(위선자) : 선한 일을 하는 자.
爲不善者(위불선자) : 선하지 못한 일을 하는 자.

중국 춘추 전국 시대 진(晉)나라의 위무자에게 젊은 첩이 있었는데 위무자가 병이 들자 본처의 아들 위과를 불러 '내가 죽거들랑 네 서모를 개가시키도록 하여라.' 했다. 그러나 위무자의 병세가 점점 악화되어 위독한 지경에 이르게 되자 다시 아들에게 분부하기를 '내가 죽거들랑 네 서모는 반드시 순사(殉死)토록 해라.' 라고 명했다.

그리고 위무자가 죽자 그 아들은 '사람의 병이 위중하면 정신이 혼란해지기 마련이니, 아버지께서 맑은 정신일 때 하신 말씀대로 따르리라.' 하고는 아버지의 처음 유언을 따라 서모를 개가시켜 드렸다.

그 후 위과는 진(秦)나라와 전쟁에서 장수로 참여했는데, 전투 중에 적군 장수인 두회에게 사로잡힐 위기에 처했다. 그때 한 노인이 두회의 발 앞의 풀을 엮어 [結草] 그가 넘어지게 하여 오히려 위과가 두회를 사로잡을 수 있게 했다.

그날 밤 위과의 꿈에 그 노인이 나타나 이렇게 말했다.

"나는 당신 서모의 애비되는 사람으로서 그대가 아버

지의 유언을 옳은 방향으로 따라 주었기 때문에 내 딸이 목숨을 유지하고 개가하여 잘 살고 있소. 나는 당신의 그 은혜에 보답[報恩]하고자 한 것이오."

라고 했다. 이 고사에서 바로 '결초보은(結草報恩)'이란 사자성어가 유래되었다.

위와 대조되는 이야기도 있다. 즉, 송나라 때 망산이란 곳에서 한 도적이 사형을 받게 되어 자신의 어머니와 곧 이별하게 되었다. 그때 도적은 죽기 전에 아이 때처럼 어머니의 젖을 한 번 먹고 싶다고 했다. 어머니는 그의 소원을 들어 주었다. 그런데 도적은 어머니의 젖을 먹지 않고 도리어 절단을 내 버리니, 그 어머니는 피를 흘리며 죽어버리고 말았다.

주변의 사람들이 모두 아연실색을 하며 그 까닭을 궁금해 했다. 그러자 도적이 말하길,

"제가 어렸을 때 남의 물건이나 먹거리를 훔쳐오면 우리 어머니는 혼내지 않고 도리어 기뻐했습니다. 그리하여 저는 계속 남의 것을 훔치게 되었고, 지금에 이르러서는 사형을 받게 되었습니다. 그것이 한스러워 천륜

을 저버린 짓을 하게 된 것입니다."

주제
요약 우리 속담에 '콩을 심으면 콩이 나고, 팥을 심
으면 팥이 난다.'는 말이 있다. 이와 마찬가지
로 '선은 선을 낳고, 악은 악을 낳는다.'는 점을 두 고
사를 통해 재확인할 수 있다.

계란 편 13

황금을 모아서 자손에게 남겨 주어도
반드시 자손이 다 지키지는 못하고,
책을 모아서 자손에게 남겨 주어도
반드시 자손이 다 읽지 못하니,
남 모르는 가운데 덕을 쌓아서
자손을 위한 계책으로 삼느니만 못 하다.

– 사마온공(司馬溫公)

積金以遺子孫이라도　未必子孫이　能盡守요
적 금 이 유 자 손　　　 미 필 자 손　　 능 진 수

積書以遺子孫이라도　未必子孫이　能盡讀이니
적 서 이 유 자 손　　　 미 필 자 손　　 능 진 독

不如積陰德於冥冥之中하여　以爲子孫之計也니라.
불 여 적 음 덕 어 명 명 지 중　　　 이 위 자 손 지 계 야

한자 풀이

積(쌓을 적) 金(쇠 금) 遺(남길 유) 未(아닐 미)
必(반드시 필) 能(능할 능) 盡(다할 진) 守(지킬 수)

書(책 서) 讀(읽을 독) 德(덕 덕) 冥(어두울 명) 計(꾀 계)
也(어조사 야)

어휘풀이

積金(적금) : 황금을 모으다.

積書(적서) : 책을 모으다.

未必(미필) : 반드시 ~는 아니다.

不如(불여) : ~만 못하다.

陰德(음덕) : 남 모르게 하는 착한 일.

冥冥(명명) : 남에 눈에 띄지 않는다, 어두운 모양.

주제 엿보기

조선의 실학자인 정약용(丁若鏞 1762~1836)이 유배 생활 중 두 아들에게 보낸 편지 중에는 '재물을 오래 보존하는 길'이라는 글을 썼는데, 그 내용이 간절하면서도 이치에 합당하여 소개한다.

'세상의 옷이나 음식 · 재물 등은 모두 부질없는 것이고 쓸데없는 것이다. 옷이란 입으면 닳게 마련이고 음식은 먹으면 썩고 만다. 자손에게 전해 준다고 해도 끝내는 탕진되거나 흩어지고 만다. 다만 가난한 친척이나 벗에게 나누어 준다면 영원히 없어지지 않을 것이다. … 형태가 있는 것은 없어지기 쉽지만 형태가 없는 것은 없어지기 어렵기 때문이다. 자기 스스로 재물을 사용해 버리는 것은 형태를 사용하는 것이고, 재물을 남에게 베풀어 주는 것은 정신적으로 사용한 것이 된다. 물질로써 물질적인 향락을 누린다면 닳고 없어지는 수밖에 없고, 형태 없는 것으로 정신적 향락을 누린다면 변하거나 없어질 이유가 없다.

　무릇 재화를 비밀리에 숨겨 두는 방법은 남에게 베풀어 버리는 방법보다 더 좋은 게 없다. 베풀어 버리면 도적에게 빼앗길 걱정이 없고 불이 나서 타버릴 걱정이 없고 소나 말로 운반하는 수고도 없다. 그리하여 자기가 죽은 후 꽃다운 이름을 천년 뒤까지 남길 수도 있어 자기 몸에 늘 재화를 지니고 다니는 격이니 세상에 이처럼 큰 이익이 있겠느냐? 꽉 쥐면 쥘수록 더욱 미끄러운 게 재물이니 재물이야말로 메기 같은 물고기라고나 할까?'

주제 요약 인생을 살다보면 자기 마음대로 되지 않는 것이 자식과 금전이라는 말을 우리 주변에서 자주 들을 수 있다. 그러나 어려운 친척이나 이웃에게 음덕을 베풀며 살다보면 그 은혜는 자손에게 돌아가는 것이 인지상정이다.

은혜와 의를 널리 베풀라.
사람이 어느 곳에 산들 서로 만나지 않겠는가?
원수와 원한을 맺지 말라.
길이 좁은 곳에서 만나면 돌아서서 피하기 어렵다.

– 《경행록(景行錄)》

恩義를 廣施하라. 人生何處에 不相逢이랴.
은 의　　광 시　　인 생 하 처　　불 상 봉

讐怨을 莫結하라. 路逢狹處면 難回避니라.
수 원　　막 결　　노 봉 협 처　　난 회 피

한자풀이

恩(은혜 은) 義(옳을 의) 廣(넓을 광) 施(베풀 시)
何(어찌 하) 處(곳 처) 相(서로 상) 逢(만날 봉)
讐(원수 수) 怨(원망할 원) 莫(없을 막) 結(맺을 결)
路(길 로) 狹(좁을 협) 難(어려울 난) 回(돌 회)
避(피할 피)

恩義(은의) : 은혜와 의리.   廣施(광시) : 널리 베풀다.

何處(하처) : 어느 곳.   讐怨(수원) : 원수와 원한.

莫結(막결) : 맺지 마라.   狹處(협처) : 좁은 곳.

주제 엿보기

중국 전국 시대 중산의 왕은 나라 안의 유명한 인사들을 초대하여 잔치를 베풀었다. 그 자리에는 사마자기라는 사람도 참석했는데 때마침 양고깃국이 모라자서 그의 차례까지 가지 못했다. 사마자기는 이를 분하게 생각하여 초나라로 도망가고, 초나라 왕을 부추겨서 중산을 공격하게 했다.

중산은 본디 소국이라 초나라의 침략을 막을 수가 없어서 중산의 왕은 국외로 도망가고 있었다. 그런데 창을 든 정체불명의 두 남자가 뒤를 따라오는 것이었다. 놀란 중산의 왕은 뒤돌아보며 물었다.

"너희들은 누군가?"

그들은 대답했다.

"예, 저희는 지난날 전하로부터 밥 한 그릇을 얻어먹고 굶어죽을 고비를 넘긴 사람의 아들들입니다. 저희 아버지가 죽을 때, '중산에 무슨 일이 생기면 목숨을 내걸고 그 은혜를 보답하라.' 라는 유언을 남겼습니다. 지금 그 은혜를 보답하고자 전하의 뒤를 좇아온 것입니다."

중산의 왕은 장탄식을 하면서 말했다.

"남에게 어떤 것을 베풀 때에는 그 양의 많고 적음에 상관이 없이, 상대방이 어려울 때에 베푸는 것이라야 효과가 있구나. 그리고 하찮은 원한이라도 상대방의 마음에 상처를 주면 무서운 보응을 받게 되는 것이었구나. 과인은 한 대접의 국 때문에 나라를 잃고, 한 사발의 밥으로 두 용사를 얻었도다."

주제
요약
나에게는 사소한 일이라도 상대방에게는 깊은 감동과 큰 상처를 줄 수가 있다. 때문에 사소한 것이라도 상대방이 절실하면 베풀어 주고, 상대방이 마음에 상처를 입는다면 행하지 말아야 한다.

천명편(天命篇)

- 하늘의 뜻대로 살아라

천(天)은 '하늘', 명(命)은 '명령', '운명', '사명', '수명' 등을 뜻하며, 천명은 '하늘의 명령', '하늘에서 받은 운명', '하늘이 준 사명'이란 의미를 지니고 있다. 옛 사람들은 하늘은 '권선징악'의 주관자로 인간들의 생사와 화복을 결정한다고 믿었다. 따라서 '하늘의 이치를 순종하는 자는 살고, 거스르는 자는 망한다.'는 전제 아래 하늘이 인간에게 부여한 운명에 따라 선하게 살아갈 것을 권유하고 있다.

하늘이 내린 명에 따르는 사람은 살고,
거스르는 사람은 죽는다.

– 맹자(孟子)

順天者는 存하고 逆天者는 亡하니라.
순 천 자 존   역 천 자 망

어휘 풀이

順天者(순천자) : 하늘에 순종하는 자.
逆天者(역천자) : 하늘에 거역하는 자.

맹자께서 이런 말씀을 하셨다.

"인간사의 모든 것이 다 명(命)이 아닌 것이 없기는 하지만, 그래도 사람은 그 명의 올바른 것을 순리로 받아들이도록 해야 한다. 그렇기 때문에 올바른 명을 알고 있는 사람은 무너질 우려가 많은 위험한 돌담 밑 같은 데는 접근하지 않는 것이니, 그것은 비명(非命)에 죽는 것을 회피하기 위해서다. 이렇듯 자기가 피할 수 있는 것을 피하지 않고 죽는 것은 명의 올바름을 순리로 받아들이는 것이 아니다. 따라서 자기의 정당한 도리를 다하고 죽는 것이 곧 정명(正命)이다. 악한 짓을 저질러 형벌을 받아 형틀에 매여 죽는 것은, 자기가 악한 짓을 하지 않을 수 있는데도 악을 저질러서 그러한 죽음을 당하는 것이기 때문에 정명이 아닌 것이다.

주제 요약 사람은 하늘이 준 자기 명대로 올바르게 살아가야 한다. 그렇지 않고 스스로 위험한 일이나 악한 짓을 하면 비명횡사를 한다. 때문에 이를 경계하는 것이다.

사람들 사이에 사사로운 말도
하늘이 듣기에는 천둥처럼 들리고,
어두운 방 안에서 마음을 속일지라도
귀신의 눈에는 번개처럼 보인다.

　　　　　　　　　　　– 현제(玄帝) 〈수훈(垂訓)〉

人間私語라도 天聽은 若雷하고 暗室欺心이라도
인 간 사 어　　　천 청　　약 뢰　　　암 실 기 심

神目은 如電이니라.
신 목　　여 전

한자 풀이

人(사람 인) 間(사이 간) 私(사사로울 사) 語(말씀 어)
天(하늘 천) 聽(들을 청) 若(같을 약) 雷(천둥 뢰)
暗(어두울 암) 室(집 실) 欺(속일 기) 心(마음 심)
神(귀신 신) 目(눈 목) 如(같을 여) 電(번개 전)

어휘풀이

私語(사어) : 사사로운 말.

若雷(약뢰) : 천둥소리처럼 크다.

欺心(기심) : 마음을 속임.   神目(신목) : 귀신의 눈.

如電(여전) : 번개처럼 밝다.

주제 엿보기

　양진은 후한 안제 때의 사람이다. 그는 관서 지방 사람으로, 박학하고 청렴결백하여 사람들이 '관서의 공자' 라 불렀다. 그런 그가 동래군의 태수로 임명되어 임지로 가는 도중에 창읍에서 묵게 되었다.

　저녁 늦게 창읍의 현령인 왕밀이 찾아왔다. 왕밀은 양진이 형주자사로 있을 때, 그의 학식을 높이 사 무재(茂才, 관리 등용 시험에 합격한 사람)로 뽑아 준 사람이었다.

　이런 왕밀을 양진은 반갑게 맞이했다. 지나온 이야기를 한참 하다가 왕밀은 소매 속에서 황금 열 근을 꺼내어 내밀었다. 양진이 자신에게 베풀어 준 은혜에 대한 보답으로 준비한 것이었다. 양진은 깜짝 놀랐지만, 이내 온화하면서도 단호하게 거절했다.

"나는 옛 지인으로서 자네의 학식과 인물도 기억하네. 그런데 자네는 나를 잊은 것 같군."

"아닙니다. 이건 뇌물이 아니라 지난날의 은혜에 보답하려는 것뿐입니다."

"자네가 영광스럽게 승진하여 나라를 위하여 진력하는 것이 나에 대한 보답이네."

"지금은 밤중이고, 방 안에는 태수님과 저뿐입니다."

"하늘이 알고, 땅이 알고, 자네가 알고, 내가 알지 않는가!"

왕밀은 부끄러워하며 물러갔다. 양진은 후에 태위(太尉)에까지 올랐다.

주제 요약 이 세상에 비밀은 없다. 설사 남을 속일 수는 있어도 자기 자신을 속일 수는 없는 법이다. 자기 자신이 떳떳하지 못하면 정정당당한 인물이 되기 어렵다.

악의 두레박이 가득 차면
하늘이 반드시 벌을 줄 것이다.

　　　　　　　　　　　　　－《익지서(益智書)》

惡鑵이 若滿이면 天必誅之니라.
악 관　　약 만　　천 필 주 지

惡(악할 악) 鑵(두레박 관) 若(같을 약) 滿(찰 만)
誅(벨 주) 之(갈, 지시대명사 지)

惡鑵(악관) : 악의 두레박.
誅之(주지) : 하늘이 벌 주다.

중국의 민간신앙에서 받드는 조왕신이 있다. 이 신은 부엌을 지키는 신으로 중국에선 위로는 천자로부터 아래로는 서민에 이르기까지 집집마다 받들어 섬겼다.

조왕신은 남신과 여신이 있는데, 이들의 역할은 평소한 집안의 일상 생활을 모두 주관하고 기록하여 선의 두레박과 악의 두레박에 모아둔다. 착한 일을 많이 하면 선의 두레박이 가득 차고 악한 일을 많이 하면 악의 두레박이 가득 차는데, 이것을 가지고 해마다 12월달에한 번씩 하늘로 올라가 옥황상제에게 보고한다.

옥황상제는 그들이 가지고 온 두레박을 보고 복과 벌을 내려 준다. 만일 선의 두레박이 가득 차면 복을 내려주고 벌의 두레박이 가득 차면 천벌을 내린다.

> **주제 요약** 하늘의 제왕인 옥황상제와 부엌의 신인 조왕신을 믿고 안 믿고는 개인의 자유이다. 그러나 평소 선한 일을 많이 하고 악한 일을 하지 않아 하늘에 부끄럽지 않은 떳떳한 사람이 되어야 한다.

오이를 심으면 오이를 얻고,
콩을 심으면 콩을 얻는다.
하늘의 그물은 넓고 넓어 성글지만 새지 않는다.
- 《장자(莊子)》

種瓜得瓜요 種豆得豆니
종 과 득 과　　 종 두 득 두

天網이 恢恢하여 疎而不漏니라.
천 망　　 회 회　　　소 이 불 루

한자 풀이

種(심을 종) 瓜(오이 과) 豆(콩 두) 網(그물 망)
恢(넓을 회) 疎(성글 소) 漏(샐 루)

어휘 풀이

天網(천망) : 하늘의 그물. 恢恢(회회) : 넓고 넓다.
不漏(불루) : 새지 않는다.

주제 엿보기

중국 춘추 전국 시대 때 추나라와 노나라가 전쟁을 했다. 추나라가 연거푸 패하자 추나라의 임금이 맹자에게 이렇게 질문을 했다.

"이번 노나라와의 전쟁에서 내 관리로 죽은 사람이 33인이나 됩니다. 그런데 백성들 중에 데리고 갔던 졸병들은 하나도 관리를 위해 죽은 자가 없었습니다. 이들을 모두 죽이자니 그 수효가 너무 많아서 다 죽일 수도 없고, 그렇다고 죽이지 않자니 분해서 못 참겠습니다. 어떻게 하면 좋겠습니까?"

이 말을 들은 맹자가 다음과 같이 대답했다.

"지난 흉년과 기근이 든 해에 임금님의 백성들 중에 노약자들이 도랑에 굴러 들어가 죽고, 장정들이 흩어져 사방으로 가버린 것이 천 명에 가깝습니다. 그런데 임금님의 양곡 창고는 가득 차 있었고, 물자 창고는 꽉 차 있었지만 관리들은 이 사정을 임금님에게 말씀드리지 않았으니, 이것은 윗사람인 관리가 교만하고 아랫사람인 백성들을 잔인하게 다룬 것입니다. 증자가 말씀하시길 '경계할지라! 경계할지라! 너에게서 나간 것은 너에게로 돌아오리라.' 라고 했습니다. 백성들은 지금부터 자기네가 당한 것을 되갚을 수 있게 된 것이니 임금님께서는 그들을 허물하지 마십시오. 임금님께서 어진 정치를 실시하시면 그때에는 백성들이 윗사람들에게 가까이 굴고 그들의 장들을 위해 죽게 될 것입니다."

주제 요약 심은 대로 거두는 법이다. 오이를 심었으면 오이를, 콩을 심었으면 콩을 얻는다. 사람의 마음에 사랑을 심었으면 사랑으로, 원한을 심었으면 원한으로 되돌아오기 마련이다. 또 사람의 마음과 하늘의 마음은 별개로 존재하는 것이 아니라 서로 연결된 것이다. 곧 사람의 마음이 하늘의 마음이라고 할 수 있다. 따라서 선한 행위에는 선한 보답이, 악한 행위에는 악한 보답이 뒤따른다.

나쁜 일을 하여 하늘에 죄를 지으면 빌 곳이 없다.

— 공자(孔子)

獲罪於天이면 無所禱也니라.
획 죄 어 천   무 소 도 야

한자 풀이

獲(얻을 획) 罪(허물 죄) 於(어조사 어) 所(바 소)
禱(기도 도)

어휘 풀이

獲罪(획죄) : 죄를 얻다.   所禱(소도) : 빌 곳.

주제 엿보기

위나라의 대부 왕손가(王孫賈)가 공자님께 물었다.
"안방 귀신에게 아첨하는 것보다 부뚜막 귀신에게 잘

보이는 것이 낫다고 하는데, 어떻게 생각하십니까?"

공자님께서 말씀하셨다.

"잘못된 말이다. 하늘에 죄를 짓는다면 빌 곳이 없다."

주제
요약 자신이 믿는 귀신에게 잘 보인다고 자신이 지은 죄가 없어질 수 있겠는가? 한 번 지은 죄는 어떤 종류의 귀신을 믿는다 해도 없앨 수 없는 것이다.

순명편(順命篇)

- 하늘로부터 주어진 천명을 따르라

순(順)은 '따르다.' '순종하다.' 명(命)은 '천명', '운명' 등을 뜻하며 순명은 '천명에 따르다.' '운명에 순종한다.'란 의미를 지니고 있다. '죽고 사는 것은 천명에 달려 있고, 부하고 귀한 것은 하늘에 달려 있다.'는 전제 아래 천명에 따라 자신이 타고난 분수껏 살 것을 권유하고 있다. 천명에 따른다는 것은 단순히 수동적으로 자신의 삶을 살라는 것이 아니다. 천지자연의 이치에 순응하여 허황된 욕심을 버리고 자신의 본분을 지키면서 의미 있는 삶을 개척하라는 것이다.

죽고 사는 것은 명에 달려 있고,
부유하고 귀한 것은 하늘에 달려 있다.

— 공자

死生이 有命이요 富貴는 在天이니라.
사 생   유 명   부 귀   재 천

주제 엿보기

당나라 태종의 장손황후는 당시 중국 천하에서 가장
부귀롭고 복받은 사람이었다. 남편은 황제, 장남은 태

자가 되었고, 나라는 갈수록 부국강병해지니 더 이상 바랄 것이 없었다. 그러나 이런 행복도 잠시였고 그녀의 나이 34세 때인 서기 634년에 그녀는 당 태종과 함께 구성궁(九成宮)을 순행하다가 병을 얻어 자리에 눕게 되었고 병세는 갈수록 점점 깊어만 갔다.

태자는 어머니를 위해서 죄수들을 대사면하고 그들을 도교의 사찰로 보내어 그들로 하여금 장손황후의 쾌유를 빌도록 해 줄 것을 당태종에게 간청했다. 일찍이 뭇 신하들도 황후의 훌륭한 인품에 감동받은 바가 많은 터라 모두가 이구동성으로 찬성했다. 정직하고 솔직하여 미신을 믿지 아니한 신하 위징마저도 이의를 제기하지 않았다.

그런데 뜻밖에도 장손황후 자신이 오히려 반대하여 말하길,

"죽고 사는 것은 명(命)에 있는 것이고, 부유하고 귀한 것은 하늘에 달렸으므로, 사람의 힘으로 능히 좌지우지할 수 있는 것이 아닙니다. 만약 복을 닦아서 명을 연장할 수 있다면 저는 종래로 악한 일을 하지 않았습니다. 선행을 해도 명이 연장되지 않는다면 복을 빌어

무슨 소용이 있겠사옵니까? 죄수를 사면하는 것은 국가의 대사입니다. 도교의 사찰도 청정한 곳인데, 저 때문에 더럽힐 필요가 없습니다. 저 한 여자 때문에 천하의 법도를 어지럽혀서는 안 됩니다!"

이에 불복한 황제와 신하들이 지극 정성으로 천하의 명약을 구하고 명의를 찾아서 그녀를 간병했지만 결국에는 2년도 버티지 못하고 세상을 떠났다. 아무리 부유하고 고귀한 존재라도 죽고 사는 문제는 사람의 힘으로 어쩔 도리가 없는 것이다.

> **주제 요약** 사람마다 하늘에서 부여받은 수명은 사람 스스로 어찌할 수가 없는 것이다. 단지 살아 있는 동안에 바른 생활을 하여 비명횡사하는 일이 없도록 최선을 다해야 한다. 또 부유롭고 귀해지는 것은 사람이 열심히 노력하면 어느 정도 자신이 바라는 대로 이룩할 수 있지만, 재벌 총수처럼 큰 부자가 되거나 대통령처럼 높은 지위에 오르는 것은 단순히 욕심만으로 성취할 수 있는 것이 아니다.

어리석은 귀머거리와 말 못 하는 벙어리라도
집은 큰 부자일 수 있고,
지혜롭고 총명한 사람이라도 집은
도리어 가난할 수 있다.
해와 달과 날과 때가 모두 정해져 있으니,
따져보면 삶은 명에 달려 있지
사람에게 달려 있지 않다.

− 열자(列子)

癡聾瘖啞도 家豪富요 智慧聰明도 却受貧이라.
치 롱 음 아   가 호 부   지 혜 총 명   각 수 빈

年月日時가 該載定하니 算來有命不由人이니라.
연 월 일 시   해 재 정   산 래 유 명 불 유 인

한자 풀이

癡(어리석을 치) 聾(귀머거리 롱) 瘖(벙어리 음)
啞(벙어리 아) 家(집 가) 豪(호걸, 귀인 호)
富(부유할 부) 智(슬기 지) 慧(슬기로울 혜)
聰(총명할 총) 明(밝을 명) 却(도리어 각) 受(받을 수)

貧(가난할 빈) 該(그, 모두 해) 載(실을 재) 定(정할 정)
算(셀 산) 來(올 래) 命(목숨 명) 由(말미암을 유)

癡聾(치롱) : 어리석은 귀머거리.
瘖啞(음아) : 말 못 하는 벙어리.
算來(산래) : 헤아려보다.   有命(유명) : 명에 달려 있다.

주제 엿보기

중국 고대에 도가의 대표적인 철학자인 열자는 자유
분방하게 살았다. 그러나 평소 가난하여 늘 굶주린 기
색이 있었다. 그래서 어떤 나그네가 그 나라의 최고 권
력자인 정자양에게 말했다.

"열자는 도를 갖춘 선비입니다. 당신의 나라에 거하
면서 빈궁하다면 당신이 선비를 좋아하지 않는 것이 아
닙니까?"

이에 정자양이 곧 관리를 시켜 열자에게 곡식을 보냈
다. 열자가 나가서 관리에게 두 번 절을 하고 사양했다.
열자가 안으로 들어가니 아내가 그를 바라보고 가슴을

어루만지며 말했다.

"첩이 들으니 '도가 있는 사람의 처자는 다 안일하면 쾌락을 얻는다.'라고 했습니다. 이제 굶주린 기색이 있어서 임금이 대우하는데 선생은 받지 않으시니, 어찌 명(命)이 아니겠습니까?"

열자가 웃으면서 말했다.

"임금은 스스로 나를 아는 것이 아니오. 남의 말로 나에게 곡식을 보냈으니, 그가 나를 죄 주게 될 때도 남의 말로 할 것이오. 이것이 내가 받지 않는 까닭이오."

훗날, 마침내 백성들이 난을 일으켜 정자양과 그 일당을 죽였으나 열자는 무사하게 천수를 누릴 수 있었다.

주제요약 현명한 사람은 자신의 분수를 지키고 경우에 벗어난 행동을 삼간다. 그 까닭은 부유함과 귀함은 대개 명에 달려 있기 때문이다. 명이란 소극적인 삶을 사는 것이 아니라, 자기 분수를 지키고 주어진 삶에 만족하고 산다는 것이다. 때문에 무사하게 천수를 누릴 수 있는 것이다.

효행편(孝行編)

– 어버이에게 효도하라

효(孝)는 '효도', 행(行)은 '행실', '실행' 등
을 뜻하며, 효행은 '효도를 실행하라.'란 의미
를 지니고 있다. 효는 모든 행실의 근본으로
그 마음을 더욱 넓혀 형제와 주변의 어른에게
미루어 적용하면 제(悌)가 되고, 사회와 나라에
적용하면 충(忠)이 된다. 따라서 효는 백행의
근본이라 하는 것이니, 힘써 행할 것을 권유하
고 있다.

아버님 나를 낳으시고, 어머님 나를 기르셨네.
애틋하고도 애틋한 우리 부모님이여!
나를 낳아 기르느라 애쓰셨다네.
그 큰 은혜를 갚으려고 해도
하늘처럼 높고 높아 끝이 없다네.

– 《시경(詩經)》

父兮生我하시고 母兮鞠我하셨네.
부 혜 생 아   모 혜 국 아

哀哀父母여! 生我劬勞셨다네.
애 애 부 모   생 아 구 로

欲報之德이라도 昊天罔極이로다.
욕 보 지 덕   호 천 망 극

한자풀이

父(아비 부) 兮(어조사 혜) 生(날 생) 我(나 아)
母(어미 모) 鞠(기를 국) 劬(수고로울 구) 哀(애틋할 애)
勞(일할 로) 欲(하고자할 욕) 報(보답할 보) 德(큰 덕)
昊(하늘 호) 天(하늘 천) 罔(없을 망) 極(다할 극)

生我(생아) : 나를 낳다.　鞠我(국아) : 나를 기르다.

劬勞(구로) : 애쓰고 수고하다.

欲報(욕보) : 보답하려 하다.

昊天(호천) : 하늘.　罔極(망극) : 끝이 없다.

주제 엿보기

효(孝) 자는 아들 자(子)가 흙 묻은 괭이 노(耂)자를
어깨에 맨 형상이다. 그 뜻은 자식이 농사를 지어 부모
를 봉양한 것에서 유래되었다. 또 늙을 노(老)와 아들
자(子)를 합쳐 만든 글자로써 늙은이를 젊은이가 받들
어 모시는 뜻이라고도 한다. 아무튼 효란 자식이 부모
를 사랑하는 일체의 행동 양식으로, 모든 종류의 사랑
중에서 가장 근원이 되는 숭고한 것이라 할 수 있다.

중국 초나라의 효자인 노래자는 평생 효성을 다하여
두 어버이를 봉양했다. 그는 나이 칠십이 되었어도 어
버이 앞에서 어린 아이처럼 재롱을 부리느라 오색 색동
옷을 입기도 했다. 또 물을 떠가지고 당(堂)에 오르다가
넘어져 어린 아이처럼 울기도 하고 새 새끼를 잡아가지

고 어버이 곁에서 희롱을 떨기도 하며 어버이를 기쁘게
해드리려 했다.

이와 반대로 《한시외전(韓詩外傳)》에는 불효와 관련
된 '풍수지탄'의 글이 나온다. 즉 '돌아가신 뒤의 진수
성찬, 살아 계실 때의 술 한 잔만 못 하다. 나무는 조용
하고자 하나 바람이 그치지 않고, 자식은 어버이를 봉
양하고자 하나, 기다려 주지 않는다. 가버리면 되돌아
오지 않는 것이 세월이요, 돌아가시면 따를 수 없는 것
이 부모님이네.'

주제
요약
부모님 살아 계실 때에 최선을 다하여 효도해
도 부모님에게 받은 사랑을 다 갚기 어려우니
평소에 노력과 정성을 다하여 부모님의 은혜에 보답해
야 한다.

효자가 부모님을 섬길 때는 이렇게 한다.
거처하실 때는 공경을 다하고
봉양할 때는 즐겁게 해드리고,
병드셨을 때는 근심을 다하고
돌아가셨을 때는 마음 깊이 슬퍼하고,
제사지낼 때는 엄숙하게 해야 한다.

– 공자

孝子之事親也는 居則致其敬하고 養則致其樂하고
효 자 지 사 친 야   거 즉 치 기 경   양 즉 치 기 락

病則致其憂하고 喪則致其哀하고
병 즉 치 기 우   상 즉 치 기 애

祭則致其嚴이니라.
제 즉 치 기 엄

한자풀이

居(있을 거) 則(곧 즉) 致(다할 치) 其(그 기) 敬(공경할 경)
養(공양할 양) 樂(즐거울 락) 病(병들 병) 憂(걱정할 우)
喪(죽을, 잃을 상) 祭(제사 제)

事親(사친) : 부모를 섬기다. 친(親)은 양친(兩親)을 의미하는데, 즉 모친(母親)과 부친(父親)이다.

주제 엿보기

2006년 10월, 공자의 고향인 중국의 산동성 취푸에 사는 교포 권혁범 씨가 한국의 '지게 효자'로 알려진 이군익 씨와 그 아버지를 초대했다. 이군익 씨는 2006년 6월부터 아버지를 지게에 태우고, 금강산·덕유산 등 명산을 올랐던 유명한 효자이다.

이들이 취푸에 도착하여 태산에 오르니 현지 중국 언론들은 '한국의 효자, 취푸에 오다.' '효가 사라진 중국에 경종을 울리는 일'이라며 이 씨의 사연을 자세히 전했다. 특히 중국 전역에 방송되는 산둥 TV는 주요 뉴스로 이 씨 소식을 다루고 수차례 방송했다.

그리고 이 씨 부자 사진을 벽에 걸어두고 스스로를 닦는 징표로 삼겠다는 사람부터 '공자'를 가르치는 공학관 교장, 취푸 사범대학 유학생부 관계자, 쉐리민 취푸 시인협회장 등도 이 씨와 만나고 싶다며 이른 아침부터 숙소로 찾아왔다. 취푸 시인협회 부회장인 귀위 씨는 직접 만나지 못하는 것을 아쉬워하며 휴대전화로 이 씨의 효행을 기린 7언시를 적어 보내기도 했다.

이군익 선생의 효행에 세상 사람 감동하고[軍翼孝行感世人]

권혁범 선생의 초청하는 뜻 또한 참된 마음이로다.[赫範義擧淸亦眞]

공자의 옛 고향에 아름다운 이야기 전하니[孔子故里傳佳話]

중국과 한국 두 나라에 효심은 모두 같구나.[中國韓國同此心]

과거 산둥성에는 이 씨와 유사한 효자가 있었다. 즉 중국 제(齊)나라에 난리가 난 적이 있었다. 당시 수도였던 임치 마을에 살던 강혁이 중풍에 걸린 어머니를 업고 피란길에 올랐다. 그런데 중도에 모자가 도적과 맞닥뜨려 오돌오돌 떠는데 도적이 되레 눈시울을 붉혔다.

"내 어머니는 피란길에 돌아가셨는데……."

그리하여 무사히 풀려난 모자는 난리가 끝난 뒤 귀향
길에 또 그 도적을 만났다. 도적은 강혁에게 어머니를
잘 모시라고 수레를 내 주었다. 이때 강혁이 거절했다.

"어머니는 푹신한 제 등을 더 좋아하십니다."

이처럼 효자는 동서고금을 막론하고 만인에게 존경
받았던 것이 인지상정이다.

주제요약 자유(子遊)가 공자에게 효를 물은 적이 있었다.
공자께서 '오늘날의 효자는 부모를 돌보는 것
을 효라고 알고 있으나 개와 말에 이르기까지 모두 돌
볼 줄 안다. 공경하지 않으면 무엇이 다른가?'라고 한
적이 있었다. 부모를 진실로 공경하고, 즐겁게 만들 줄
알고, 병이 나고 초상과 제사 때에 진심으로 걱정하고
슬퍼할 줄 알아야 진정한 효자이다.

부모님이 살아 계실 때는 멀리 놀러가지 말고,
놀러가더라도 반드시 가는 곳을 말씀드려야 한다.

－ 공자

父母在어시든 不遠遊하며 遊必有方이니라.
부 모 재　　　　불 원 유　　　　유 필 유 방

한자 풀이

在(있을 재) 遠(멀 원) 遊(놀 유) 必(반드시 필) 有(있을 유)
方(모, 방위 방)

어휘 풀이

遠遊(원유) : 멀리 나가 놀다.
有方(유방) : 방향이 있다.

'부모님이 살아 계실 때는 멀리 나가 놀지 말고, 놀러 가더라도 반드시 가는 곳을 말씀드려야 한다.'는 말은 대단히 지키기 쉬운 것 같아도 기실 어려운 때가 많다. 특히 성장하여 사회 생활을 하면서 어떤 지방이나 외국 등에 파견 근무를 하게 된다고 하면 더욱 그렇다. 하지만 과거 선조들 중에는 이 말을 잘 실천한 효자들이 많았다.

고려 공민왕 때 김과는 임금의 신임을 받아 친군위, 도사 등의 벼슬을 거쳐 호조좌랑의 자리까지 올랐다. 그의 아버지가 돌아가셨을 때, 관직에서 잠시 물러나와 성심 성의를 다해 여막살이로 3년상을 마쳤다. 이 무렵 그는 다시 제주 판관에 임명되었다. 이에 김과는 임금이 계시는 북쪽을 향하여 감사의 절을 하고 오랫동안 걱정하면서 다음과 같은 상소를 올렸다.

"삼가 생각하옵건대, 상감마마께서 신을 아껴 여러 벼슬을 골고루 주시니, 그 은혜의 크기를 이루 말할 수 없사옵니다. …… 즉시 부임지로 가고자 하였사오나, 큰 걱정거리가 한 가지 있사옵니다. 어미가 올해 75세이온데, 늙고 병약하여 옆에서 봉양하지 않으면 안 될 형편이옵니다. …… 옛말에 '효도를 미루어서 충성을 한다.' 하였사옵니다. 지금 신의 나이 38세입니다. 그러므로 신하로서 상감마마를 섬길 수 있는 날은 길고, 자식으로서 늙은 어미에게 효도할 수 있는 시일은 짧사옵니다. 늙은 어미의 봉양을 마친 뒤에는 비록 변방에 임명하더라도 그 복무를 마다하지 않겠사옵니다. 상감마마께서는 효도로써 세상의 다스림을 밝히신다면, 군신의 의리와 모자의 정리를 함께 참작해 주시리라 믿사옵니다."

김과의 상소를 받아본 임금은 그의 지극한 효성에 감동하여 청을 들어 주었다.

주제 요약 오늘날의 관점에서 출세의 길을 포기하고 부모의 봉양을 우선시하여 그 곁을 떠나지 않은 선조의 고사는 다소 어리석은 것처럼 보인다. 그러나 출세의 목적을 살펴보면 부모를 봉양하고 처자식을 먹여살리며 사회나 국가의 유용한 인물이 되고자 함이다. 그 중에서 부모와 처자식을 도외시하고 사회나 국가에 유용한 인물이 된다는 것은 불가능한 일이다. 때문에 선조들은 효자 중에서 충신이 나온다고 했다.

아버님께서 명하여 부르시면 곧바로 대답하고
머뭇거려선 안 된다.
음식이 입 안에 있으면 뱉어야 한다.
                                                     – 공자

父命召어시든 唯而不諾하고 食在口則吐之니라.
부 명 소   유 이 불 락   식 재 구 즉 토 지

정약용이 1801년에 효자 정관일을 추모하여 쓴 글
이다.

정관일이란 이는 도강현 사람이다. 태어나면서부터
성품이 매우 착하여 그 부모를 지극히 사랑했다. 여섯
살 되는 해에 그의 아버지가 밭을 돌아보러 나갔는데,
밤이 되어 추워지자 효자는 그 어머니에게,

"밭에 움막이 있습니까?"
라고 물었다. 어머니가,

"없다."
라고 대답하자, 효자는 벌떡 일어나 나가려고 했다. 어
머니가 말하기를,

"늦은 밤에 어린아이가 어디를 가려고 하느냐?"
하니 효자는,

"아버지가 들에서 떨고 계시는데 자식은 방에서 따뜻
하게 있으니 마음이 편하겠습니까?"
라고 했다. 어머니가 굳이 말리니 효자는 창문 아래에
우두커니 앉아 있다가 아버지가 돌아온 뒤에야 편히 쉬
었다.

몇 년 뒤에 그의 아버지가 멀리 장사를 나가 있으면서 집에 보낸 편지에 '평안하다.'고 했는데, 효자는 그 편지를 품에 안고 울었다. 그 어머니가 괴이하게 여겨 까닭을 물으니 효자는,

　"아버지께서 아마 병을 앓고 계시나 봅니다. 글자의 획이 떨렸지 않습니까?"
라고 말했는데, 그 아버지가 돌아왔을 때 물어보니 병이 위독했다고 한다. 또 그 아버지가 설사병이 나서 거의 죽게 되어 차(茶)를 생각했는데, 갑자기 어떤 사람이 차 있는 곳을 가르쳐 주어 병을 치료할 수 있었다.

　그 아버지가 먼 곳을 다녀올 때면 비록 밤늦게 돌아오더라도 언제나 따뜻한 밥을 반드시 준비하여 놓았다. 아버지가 이상히 여기니 그 어머니가 말하기를,

　"아이가, 오늘 저녁 아버지가 돌아올 것이라고 하여 나는 그 말대로 했을 뿐입니다."
라고 했다. 열두 살 때에 아버지가 병이 드니 효자는 이슬을 맞아가며 하늘에 기도하여 아버지의 병이 낫게 했다. 이상은 그가 유년 시절에 보여 준 행실의 백분의 일 정도이다.

장성해서는 학문에 힘써 경사(經史)를 섭렵하고 곁들여 병법·의술에서부터 통하지 않은 것이 없었지만, 집이 가난하여 약을 팔아 부모를 봉양했다. 그가 죽을 때, 처음에는 경미한 병을 앓아 집사람들이 근심을 하지 않았는데 며칠이 지나자 위독해졌다. 효자는 그 아버지를 자신의 곁으로 오시게 했다. 아버지가 그를 세 번 부르자 세 번 다 대답하고 한참 뒤에 다시 말하기를,

　"죽고 사는 것은 낮과 밤이 바뀌는 것과 같으므로 군자는 슬퍼하지 않습니다. 저는 올해 이런 일이 있으리라는 것을 알고 있었으나 그 달과 날짜는 알지 못했는데, 지금 맥박이 이미 어지러우니 약으로 고칠 수 있는 것이 아닙니다. 제게는 두 아이가 있으니, 원컨대 이들로 마음을 위로하소서."

라고 했다. 3일 후에 죽으니 나이 겨우 서른 살이었다.

　한 달을 넘겨 절도영(節度營) 동쪽 7리쯤에 있는 시루봉 아래 유좌(酉坐)의 언덕에 장사지냈으니, 이곳은 효자가 옛날에 스스로 보아두고서 손수 소나무와 떡갈나무를 심어 그 부모의 장지로 하려던 곳이다. 그의 아버지는 관을 묻을 때 곡하며 말했다.

"네가 한 번 죽음으로써 나는 세 가지를 잃었다. 아들을 잃고 친구를 잃고 스승을 잃었다."

외사씨(外史氏)는 논한다.

부자는 천성 지친이다. 그러나 세상에는 대개 가슴을 치고 피를 토하며 그 아들을 하늘에 호소하는 자가 있는가 하면, 지위가 높고 재물이 많아 아첨하는 말을 빌어 훌륭하게 꾸며 '꿩이 부엌에서 울고 잉어가 얼음에서 뛰어나왔다.'고도 하는데, 모두 믿을 수 있겠는가? 비록 손가락을 잘라 부모의 병을 치료하고 장딴지를 저미며 부모를 봉양하여 선행을 표창하기 위해 세운 문설주가 즐비하다고 한들, 역시 증자(曾子)·민자(閔子)가 했던 일은 아닌 것이다. 정 효자는 죽어서 그 아버지가 아들의 효를 기록하여 벼슬에서 물러나 있는 나에게 말하게 되었는데, 한결같이 어린아이를 사랑하는 빛이 애연히 얼굴에 나타났으니 이는 정말 부끄러울 것이 없겠다. 아들은 정말 효자이며, 그 아버지 또한 인자한 아버지였다.

주제 요약 음식이 입에 있는데, 누가 나를 부르면 바로 대답하기 어려운 것이다. 그러나 어떤 경우에 나를 부른 상대방이 자신을 무시하는 행동이라고 오해할 수도 있다. 하물며 부모님이 나를 부르는데, 음식이 있다고 대답을 하지 않는다던가 입에 담고 어물어물 대답하면서 짜증을 부린다면 예의 바른 행동이 아니다. 효자 정관일은 죽을 병에 걸려 몸을 가누지도 못하는 힘든 상황에서도 아버지가 세 번 부르니 걱정하실까 두려워 곧바로 세 번 대답했다. 걸핏하면 부모에게 반항하는 젊은이들에게 시사하는 바가 크다.

내가 부모님께 효도하면
자식도 나에게 효도하나니,
자신이 이미 효도하지 않는데
자식이 어찌 효도하겠는가.

— 태공(太公)

孝於親이면 子亦孝之하나니
효 어 친　　자 역 효 지

身旣不孝면 子何孝焉이리오.
신 기 불 효　　자 하 효 언

한자 풀이

孝(효도 효) 親(친할, 어버이 친) 子(아들, 자식 자)
身(몸 신) 旣(이미 기) 何(어찌 하)

어휘 풀이

孝於親(효어친) : 부모님께 효도하다.

고려 말기의 학자인 김구용(金九容 1338~1384)의 어머니는 여흥군 부인 민씨이다. 공민왕 10년(1361) 겨울에 홍건적이 쳐들어와서 백성들은 남쪽으로 피란했다. 민씨도 친정어머니를 모시고 떠났는데, 피난길에도 집안에 있을 때와 마찬가지로 편안히 모셨다.

그 후 여흥으로 다시 돌아와 더욱 극진히 모셨으나 세월이 지나자 친정어머니는 세상을 떠났다. 그러자 민씨의 아들과 사위는 서울로 가서 모시려고 했다. 이에 민씨는 다음과 같이 말했다.

'내 어머니의 무덤을 여기에다 두고 내가 서울로 가면 성묘할 사람이 없을 터인데, 내가 어찌 떠날 수 있겠느냐?'

아들과 사위는 초하루 · 보름이 돌아올 때마다 자신들이 성묘하겠다고 권유했지만 민씨는 끝까지 듣지 아니했다.

어느 날이었다. 새벽 일찍 일어난 구용이 민씨에게 문안을 드리려고 방에 찾아갔는데, 보이지 않았다. 그래서 부엌으로 갔는데, 민씨가 아궁이에서 치맛자락을 말리고 있는 것을 보았다. 아들은 어머니가 음식을 만들려다 물을 쏟았겠지 생각하고 대수롭지 않게 여겼다. 그런데 이튿날 아침에도 민씨는 방 안에 있지 않고 부엌에서 치마를 말리고 있었다. 아들은 이상하게 생각하여 그 다음 날 일찍 일어나 몰래 어머니의 행동을 살폈다.

민씨는 첫새벽에 자리에서 일어나 옷매무새를 단정하게 하고 어디론가 가는 것이었다. 아들이 궁금하여 뒤따라가니 민씨는 집 앞에 있던 개울을 건너 외할머니의 산소에 가서 절을 올리고 있는 것이었다. 아들은 어머니가 아시면 무안해 할 것 같아서 몰래 되돌아왔다. 또 어머니가 외할머니에게 지극히 효성을 올리는 것에 대한 말할 수 없는 감동과 슬픔을 느꼈다.

민씨는 매일 아침마다 무리하게 성묘를 하다가 병이 들어 56세에 세상을 떠났다. 구용은 어머니가 세상을 떠난 것에 대한 슬픔으로 3년 동안 어머니의 무덤 옆에 여막을 지어 놓고 살았다.

세상 사람들은 민씨가 비록 여자이지만 아들처럼 친정어머니에게 효성을 다하고, 그 아들 또한 효성을 다하는 것을 어질게 여겨 세상에 본보기로 삼고 칭송했다.

고려의 대문인이었던 이색(李穡)은 민씨 가문의 아름다운 행적을 다음과 같은 시로 읊었다.

육체는 근본으로 돌아가지만 그 삶은 영원하리
여흥 민씨는 그 속에 묻혀 있다네
강물은 끊임없이 흐르니 어찌 끝이 있으리오
그처럼 길이길이 아름다움 전하리라

> **주제 요약** 부모는 자식의 거울이라 할 수 있다. 부모가 효성스러우면 자연히 자식도 효성스럽게 된다. 또 그 자식의 후손도 역시 효성스러워질 것이고, 그러면 그 가문은 대대손손 사랑과 행복이 넘치는 가정이 될 것이다.

정기편(正己篇)

– 몸을 바르게 하라

정(正)은 '바르게 한다.' 기(己)는 '몸', '몸가짐', '자기' 등을 뜻하며, 정기는 '몸을 바르게 하라.' 란 의미를 지니고 있다. 유교에서는 '먼저 자기 심신을 닦고, 집안을 다스리고 난 뒤에 나라를 다스릴 수 있고 그 후에야 비로소 천하를 평정할 수 있다.' 는 '수신제가치국평천하(修身齊家治國平天下)' 란 말이 있다. '수신' 을 하기 위해서 가장 먼저 행해야 할 것은 우선 자신의 몸을 바르게 하는 것이다. 이 편에서는 몸을 바르게 하여 수신에 도움이 되는 글귀들이 실려 있다.

다른 사람의 착한 점을 보면
내게도 그런 착한 점이 있나 살펴보고,
다른 사람의 나쁜 점을 보면
내게도 그런 나쁜 점이 있나 살펴보라.
이와 같이 해야 유익함이 있다.

－《성리서(性理書)》

見人之善이면 而尋己之善하고
견 인 지 선   이 심 기 지 선

見人之惡이면 而尋己之惡하라.
견 인 지 악   이 심 기 지 악

如此라야 方是有益이니라.
여 차   방 시 유 익

한자 풀이

見(볼 견) 善(착할 선) 尋(찾을 심) 惡(악할, 나쁠 악)

如(같을 여) 此(이 차) 益(다할 익)

如此(여차) : 이와 같다.   方是(방시) : 비로소 ~있다.

주제 엿보기

《논어》에는 다음과 같은 구절이 있다. 즉, 공자님께서
말씀하시길 '세 사람이 길을 갈 때는 반드시 나의 스승
이 있으니, 그 가운데 좋은 점을 골라서 따르고 좋지 않
은 점은 가려 내어 내 잘못을 고친다.'고 했다. 우리가
진심으로 배우고 싶은 마음이 있다면 어떤 상황이나 사
람에게도 배울 점이 있다는 것이다. 연암 박지원도 또
이렇게 말했다.

'배움의 길은 다른 것이 없다. 알지 못하는 것이 있다
면 길 가는 사람이라도 잡고 물어보아야 한다. 또 동자
나 노비라도 나보다 한 글자라도 많이 알고 있다면 그들
에게도 묻고 배워야 한다. 만약 상대방보다 내가 못한
것이 부끄러워 묻고 배우지 않으면 종신토록 진보됨이
없을 것이다. 옛날에 순 임금은 손수 농사를 짓고 도자
기를 구웠으며 어부 생활을 한 후에 제왕의 자리까지 올

랐다. 공자도 어렸을 때 신분이 천하여 비루한 일을 많이 했다. 그러나 모두 남에게 묻는 것을 부끄럽게 생각하지 않았고 배움을 좋아했다.'

주제
요약
참으로 자신의 몸을 바로하기 위해 배우고 싶다면 어떤 사람이나 상황에서도 배울 점을 발견할 수 있다.

대장부는 마땅히 남을 포용할지언정
남에게 포용을 받는 사람이 되지 말라.

－《경행록》

大丈夫當容人이언정 無爲人所容이니라.
대 장 부 당 용 인　　　무 위 인 소 용

한자풀이

大(큰 대) 丈(어른 장) 夫(지아비, 장부 부) 當(마땅할 당)
容(포용할, 얼굴 용) 無(없을 무) 爲(할 위) 所(바 소)

어휘풀이

容人(용인) : 남을 포용하다.
所容(소용) : 남에게 포용되다.

조선의 정조대왕은 일찍이 장래가 촉망되는 젊은 관리들과 이야기를 하다가 그들에게 다음과 같은 충고를 한 적이 있었다.

"산보다 더 높은 것이 없고 바다보다 더 넓은 것은 없지만 높은 것은 끝내 포용하는 것이 있을 수 없다. 그러므로 바다는 산을 포용해도 산은 바다를 포용할 수 없다는 것이다. 사람의 가슴도 바로 드넓어야지 한결같이 높은 것만을 추구해서는 안 된다."

이는 남보다 빨리 출세하기 위하여 높은 관직에 오르는 것도 좋지만 자신보다 먼저 남을 배려할 줄 아는 사람이 진정한 대장부라는 뜻이다.

《맹자》에는 대장부를 이렇게 표현하고 있다.

'천하라는 넓은 집에 살고, 천하의 올바른 자리에 서고, 천하의 대도를 실천하여, 뜻을 이루면 백성들과 더불어 함께 해 나가고, 뜻을 이루지 못하면 혼자서 자기의 도를 실천하여, 부귀에도 그의 마음을 혼란시키지 못하고, 빈천하더라도 그 뜻을 꺾이지 아니하고, 무서운 무력도 그를 굴복시키지 못하게 되어야 그것을 대장

부라고 하는 것이다.'

주제 요약 사회가 현대화·핵가족화되면서 자기밖에 모르는 이기적인 사람들이 나날이 늘어나고 있다. 그러나 우리 사회나 가족이 더불어 행복하려면 남을 배려하고 포용하는 사람이 되어야 한다.

나의 착한 점을 말해 주는 사람은
내게 해로운 사람이요,
나의 잘못된 점을 말해 주는 사람은 내 스승이다.
– 소강절(邵康節)

道吾善者는 是吾賊이요 道吾惡者는 是吾師니라.
도 오 선 자   시 오 적   도 오 악 자   시 오 사

한자 풀이
道(길, 말할 도) 吾(나 오) 善(착할, 잘할 선)
是(옳다, 이 시) 惡(악할, 잘못될 악) 師(스승 사)

어휘 풀이
吾賊(오적) : 나의 적.   吾師(오사) : 나의 스승.

중국 제나라의 재상 추기(鄒忌)는 큰 키에 미남자였다. 어느 날 정장을 하고 거울을 들여다보면서 부인에게 물었다

"성북의 서공(徐公)과 나를 비교하면 어느 쪽이 남성답소?"

"아무리 서공이라도 영감을 따를 수 없습니다."

성북의 서공은 제나라 최고의 미남자이다. 추기는 믿어지지 않았다. 그래서 이번에는 첩에게 물었다.

"서공과 나는 어느 쪽이 미남자인가?"

"물론 영감이 미남자시죠."

다음 날 그래도 믿지 못한 추기는 때마침 찾아온 손님에게 물어보니, 손님 역시 서공보다 자신이 더 낫다고 칭찬했다. 얼마 후 서공이 찾아왔다. 추기는 상대방을 자세히 바라보았는데, 역시 자기가 따를 수 없다는 생각이 들었다. 혹시나 하여 거울에 얼굴을 비추어 보았으나 보면 볼수록 열등감이 들었다.

그날 밤 추기는 잠자리에 들어서 생각해 보았다.

"아내나 첩이 내가 서공보다 잘생겼다고 하는 것은

내 편이고 또 내가 화를 낼까 두려워서 그렇게 말했을 것이고, 또 손님은 내게 환심을 사려고 그런 말을 했을 것이다."

다음 날 추기는 입궐하여 임금을 알현했다.

"전하, 신은 신보다 서공이 더 잘생겼다고 생각합니다. 그런데 신의 처와 첩, 그리고 손님은 입을 모아 신이 서공보다 더 잘생겼다고 합니다. 왜 그런 말을 하겠습니까? 처와 첩은 신의 편이고 또 내가 화를 낼까 두려웠고, 손님은 신의 환심을 사기 위함입니다.

그런데 지금 우리 제나라는 영토가 사방 1천 리에, 성이 20여 개나 되는 대국입니다. 당연한 일이지만 전하 측근에 있는 신하들은 모두 전하의 편으로 전하를 두려워하면서 환심을 사기에 급급할 것입니다. 그렇다면 전하께서는 눈을 가리고 계신 것이나 다름없습니다."

"잘 알겠소."

임금은 바로 다음과 같이 포고했다.

"지금부터 과인의 잘못을 직접 지적해 주는 자에게는 큰 상을 내릴 것이고, 시중에서 또는 조정에서 비판하되 그 말이 과인의 귀에 들어와도 상을 내릴 것이다."

그러자 처음에는 간언하러 오는 신하들 때문에 궁궐 문이 다 닳을 정도였다. 그러나 몇 달이 지나자 찾아오는 자가 거의 없었다. 그리고 1년 후에는 하나도 없게 되었다. 간언을 하려 해도 임금에게 잘못을 찾아볼 수 없게 되었기 때문이다.

주제 요약 '양약은 입에 쓰고 충언은 귀에 거슬린다.' 는 말이 있다. 그러나 병든 몸을 고치고 잘못된 행실을 바로잡을 수 있다. 반면에 아부와 아첨하는 말은 듣기에는 좋으나 몸에는 독약처럼 작용하고 잘못된 행위를 더욱 조장하게 된다.

여색 피하기를 원수 피하듯이 하고,
바람 피하기를 화살 피하듯이 하라.
빈속에는 차를 마시지 말고
밤중에는 밥을 적게 먹어라.

– 《이견지(夷堅志)》

避色如避讐하고 避風如避箭하라.
피 색 여 피 수   피 풍 여 피 전

莫喫空心茶하고 小食中夜飯하라.
막 끽 공 심 다   소 식 중 야 반

한자풀이

避(피할 피) 色(빛, 여색 색) 如(같을 여) 讐(원수 수)
風(바람 풍) 箭(화살 전) 莫(말다 막) 喫(먹다, 마시다 끽)
空(빌 공) 茶(차 다) 食(먹을 식) 夜(밤 야) 飯(밥 반)

어휘풀이

避色(피색) : 여색을 피하다.   中夜(중야) : 한밤중.

조선의 실학자 이익(李瀷)이 쓴 '밤에 잘 때 머리를 덮는다.'는 뜻을 지닌 〈야와부수(夜臥覆首)〉란 글에는 장수의 세 가지 도가 다음과 같이 소개되어 있다.

머리란 모든 양(陽)이 모이는 데다. 모든 음맥(陰脈)은 다 목과 가슴속에까지 왔다가 도로 가고, 유독 모든 양맥은 다 올라가서 머리에까지 오는 까닭에 얼굴이 추위를 견디게 한다.

이 때문에 아이 기르는 자는 그 아이의 머리털을 갈라 주어야 하고, 양생(養生)하는 자는 머리를 다듬어야 한다. 머리를 다듬는다는 것은 항상 머리를 씻고 빗질함을 이름이다. 그러므로 바람과 서리가 뼈를 도려내는 듯해도 다닐 적에 얼굴을 싸매는 일은 있지 않다. 밤에 자면서 얼굴을 덮는 사람이라면 물어볼 것 없이 양기가 부족한 까닭이다.

위나라 문장가인 응거의 시에,

옛날에 길가는 사람이 있어
언덕 위에서 세 사람의 늙은이 만나보았네

나이는 각기 다 백 살이 넘는데
서로들 벼 밭에서 가라지를 뽑고 있었네
수레를 멈추고서 세 늙은이에게 물었다
어찌하여 이토록 오래 살게 되었느냐고
상늙은이 앞으로 나와 일러 주되
집안의 마누라가 얼굴 몹시 추했다오
중늙은이 앞으로 나와 일러 주되
제 뱃속을 헤아려서 먹는 것을 조절했다오
아랫늙은이 앞으로 나와 일러 주되
밤에 잠잘 적에 머리를 아니 덮는다오
긴요하도다, 이 세 늙은이 이르는 말이여
이 까닭에 남보다 오래오래 사는 거로세

했으니, 이에 의거하면 음식물과 여색이 생명을 해치는
이외에는 머리를 덮고 자는 것이 다음이다.

주제 요약 여색을 피하라는 것은 여자를 아예 만나지 말거나 가까이 하지 말라는 뜻이 아니다. 절도 있는 부부 생활은 건강에 도움이 된다. 또 음식물과 차를 적당히 조절하면 건강에 도움이 됨은 말할 것도 없고, '바람 피하기를 화살 피하듯이 하라.'고 했지만 우리 선조들은 머리를 차갑게 하고 발은 따뜻하게 하면 건강에 좋다고 했다.

쓸데없는 말과 급하지 않은 일은 버려두고 하지 말라.

－ 순자(荀子)

無用之辯과 不急之察은 棄而勿治하라.
무 용 지 변　　불 급 지 찰　　기 이 물 치

한자풀이

無(없을 무) 用(쓸 용) 辯(말잘할 변) 急(급할 급)
察(살필 찰) 棄(버릴 기) 勿(말다 물)
治(다스릴, 관리할 치)

어휘풀이

無用之辯(무용지변) : 쓸데없는 말.
不急之察(불급지찰) : 급하지 않은 일.

주제 엿보기

　초나라의 대신인 소양이 위나라 군을 쳐부수고 대장
을 죽인 다음, 8개의 성을 공략했다. 그리고 다시 제나라를 치기 위해 떠났는데, 도중에 유세객인 진진을 만났다. 진진은 소양의 전승(戰勝)을 축하한 다음과 같은 비유를 들어 말했다.

　초나라에 한 사람의 귀족이 있었다. 어느 날 조상의 제사를 지낸 다음에 부하들을 위로하기 위해 한 단지의 좋은 술을 주어 모두 함께 마시도록 했다. 부하들은 상의를 했다. 여러 사람이 마시기에는 적지만 한 사람이 마시면 충분히 취할 수 있을 것이므로, 뱀 그리기 경쟁을 하여 먼저 그린 사람이 마시기로 했다.
　모두 이 제안에 찬성을 했다. 그래서 각자 가까이에 있는 나뭇가지를 꺾어 땅바닥에 주저앉아서 생각이 나는 대로 저마다 뱀의 그림을 동시에 그리기 시작했다. 그 중에는 아주 빨리 그림을 그리는 자가 있었는데, 눈 깜짝할 사이에 잘도 그려 버렸다. 그는 곁에 있던 술 단지를 끌어당겨 술을 마실 준비를 했다. 그러다가 그는 생각했다. '이것으로 나의 기량을 보일 수 없다. 뱀에 발이라도 그려 넣어야지.' 라면서, 술단지를 왼손에 쥐고 오른손으로 계속 그림을 그렸다.

그가 뱀에 발을 다 그려 넣기 전에 다른 자가 뱀의 그림을 완성했다. 그리고 술단지를 빼앗아, 깜짝 놀라 바라보고 있는 그에게 유쾌한 듯이 말했다.

"원래 뱀은 발이 없는데, 너는 왜 필요없는 발을 그려 넣었느냐? 그것은 도저히 뱀이라고는 할 수 없어. 그러므로 뱀을 가장 먼저 그린 사람은 바로 나란 말이야."

그리고는 멍하게 있는 그를 거들떠보지도 않고 혼자서 맛있게 마셔버렸다.

이 말을 들은 소양은, 자신은 이미 큰 공을 세웠는데 더 이상 무리하게 제나라를 쳤다가는 뱀의 발을 그린 사람처럼 '사족(蛇足)'의 신세로 전락할 것이 두려워 공격하지 않았다.

> **주제 요약** 무슨 일이든지 '지나침은 미치지 못함과 같다.'는 뜻을 지닌 '과유불급(過猶不及)'이라는 말이 있다. 충분히 만족할 만할 때에 그만두는 것도 지혜로운 행동이다.

귀로는 남의 그릇됨을 듣지 않고,
눈으로는 남의 단점을 보지 않고,
입으로는 남의 허물을 말하지 않아야
거의 군자에 가깝다.

耳不聞人之非하고 目不視人之短하고
이 불 문 인 지 비   목 불 시 인 지 단

口不言人之過라야 庶幾君子니라.
구 불 언 인 지 과   서 기 군 자

한자 풀이

耳(귀 이) 聞(들을 문) 非(아닐, 거짓 비) 目(눈 목)

視(볼 시) 短(짧을, 단점 단) 口(입 구) 言(말씀 언)

過(지날, 허물 과) 庶(거의 서) 幾(기미, 거의 기)

어휘 풀이

庶幾(서기) : 거의 ~에 가깝다.

신흠(申欽 1566~1628)이 쓴 〈검신편(檢身篇)〉에 나오는 글이다.

'자기의 허물만 보고 남의 허물은 보지 않는 이는 군자이고, 남의 허물만 보고 자기의 허물은 보지 않는 이는 소인이다. 몸을 참으로 성실하게 살핀다면 자기의 허물이 날마다 앞에 나타날 것인데, 어느 겨를에 남의 허물을 살피겠는가. 남의 허물을 살피는 사람은 자기 몸을 성실하게 살피지 않는 자이다. 자기 허물은 용서하고 남의 허물만 알며 자기 허물은 묵과하고 남의 허물만 들추어내면 이야말로 큰 허물이다. 이 허물을 고칠 수 있는 자라야 바야흐로 허물이 없는 사람이라 할 수 있다.'

> **주제 요약** 일반적으로 사람들은 자신의 허물에 대해서 관대하게 용서하고, 남의 허물에 대해선 크게 흉보고 용서하지 않으려는 경향이 있다. 이는 올바른 태도가 아니고, 자아 발전에도 걸림돌이 된다. 남의 허물에 대해서 가능하면 이해하려고 노력하고, 자신의 허물에 대해서 철저하게 반성하고 고쳐 나간다면 보다 완전무결한 사람으로 거듭 태어날 것이다.

재여가 낮잠 자는 것을 보고
공자께서 말씀하시기를,
"썩은 나무는 조각할 수 없고,
더러운 흙으로 만든 담은 흙손질을 할 수 없도다."
–《논어》

宰子晝寢이어늘 子曰, 朽木은 不可雕也요
재 여 주 침   자 왈 후 목   불 가 조 야

糞土之墻은 不可圬也니라.
분 토 지 장   불 가 오 야

한자풀이

晝(낮 주) 寢(잠잘 침) 朽(썩을 후) 糞(똥 분) 墻(담 장)
圬(흙손 오)

어휘풀이

晝寢(주침) : 낮잠을 자다.   朽木(후목) : 썩은 나무.
糞土(분토) : 더러운 흙.

공자가 제자인 재여가 대낮에 화려한 침실에서 잠을 자는 것을 보고 실망하여 단단히 화가 나서 꾸짖은 것이다. 재여의 자(字)는 자아이며 보통 재아(宰我)라고 불리워진다. 재아는 공자의 제자로 자공과 더불어 언변으로 이름을 날린 인물이며, 또한 탁월한 관료의 재질을 가진 유능한 정치인으로 알려졌다. 그러나 언변과 달리 행실은 일치하지 않았다. 그래서 공자께서는 나중에 말하길 '처음에 나는 사람에 대하여 그의 말을 듣고 그의 행실을 믿었는데, 지금 나는 사람에 대하여 그의 말을 듣고 그의 행실까지도 본다. 재여를 보고서 이렇게 고쳤다.' 고 했다.

주제 요약 공자께서 재아가 단순히 낮잠을 잤다고 꾸짖은 것만은 아니다. 그는 이미 평소에 뛰어난 언변으로 공자와 다른 사람들에게 촉망받는 선비로 기대받고 있는데, 그 행동은 언변과 일치되지 않은 위선자였다. 그래서 꾸짖고 교육시킬 가치조차 없다고 은유적으로 표현한 것이다.

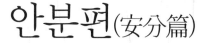

안분편(安分篇)
- 분수대로 살아라

안(安)은 '편안하다.' '안주하다.' 분(分)은
'분수'를 뜻하며, 안분이란 '분수를 지켜 안주
하라.'란 의미를 지니고 있다. '만족할 줄 알면
즐겁고, 탐욕에 애쓰면 근심스럽다.'는 말처럼
헛된 명리를 좇거나 탐욕스런 생활을 버리고
자신에게 주어진 분수를 편안하게 생각하며
살아갈 것을 권유하고 있다.

자만하면 손해를 부르고,
겸손하면 이익을 받게 마련이다.

— 《서경(書經)》

滿招損하고 謙受益이니라.
만 초 손   겸 수 익

滿(찰 만) 招(부를 초) 損(덜 손) 謙(겸손할 손) 受(받을 수)
益(더할 익)

招損(초손) : 덜어낸다. 受益(수익) : 이익을 받다.

조선의 선비인 홍언필은 젊어서 학문에 매진하여 진사와 생원을 뽑는 사마시에 합격했다. 그러나 죄인의 자제로 과거에 응시했다고 하여 옥에 갇히고, 그 후에 멀리 귀양가는 불우한 신세가 되었다. 그러나 후일에 죄를 사면받고, 중종 때에 과거에 급제하여 인종 때 영의정이 되었다.

홍언필은 젊어서부터 고생을 한 탓에 매사 조심성이 많고 일상 생활에서 매우 검소했다. 회갑 생일에 아들들이 노래와 춤으로 권하는 화려한 잔치를 마련하는데, 그는 높은 벼슬자리에 있을 때는 더욱 조심해야 한다면서 사치스런 잔치를 열지 못하게 했다.

그는 검소하고 겸손한 것을 가풍으로 삼아서 아들과 사위들도 벼슬이 높았으나 언제나 화려한 행차는 엄두도 못 내었다. 한 번은 판서가 된 아들 홍섬이 초헌을 타고 다니게 되었다. 초헌이란 종2품 이상의 고급 벼슬아치가 타는 외바퀴 수레이다. 때문에 그의 어머니는 매우 기뻐하여 이 일을 자랑삼아 주변 사람에게 말했다. 이 소식을 들은 홍언필은 즉시 아들을 불러 엄하게 꾸짖었다.

"지금 내가 정승 지위에 있고, 또 네가 판서가 되었다. 나는 항상 이러한 복을 두려워하고 있는데, 네가 어찌하여 초헌을 타고 다닌단 말이냐. 이것은 우리 집안의 복이 아니라 망칠 징조이다."

그리고 나서 아들에게 초헌을 타고 마당을 돌라고 했다. 홍섬은 아버지의 꾸지람을 들은 뒤로 다시는 초헌을 타지 않았다고 한다. 그는 아들에게 경계했다.

"물이나 물건이 그릇에 가득 차면 넘치거나 그릇이 넘어지기 쉬운 법이다."

이런 교훈을 가슴에 새긴 아들 홍섬은 13대 명종 임금 때에 청렴하고 매사에 조심성이 많은 관리에게 주는 염근리로 뽑히게 되었다.

> **주제 요약** 고금을 통하여 자기 분수를 알고 조심하여 복을 누린 자는 있지만, 교만하고 재물과 명예를 좋아하는 자가 끝까지 안전했던 적은 극히 드물다.

분수를 편안히 여기면
자신에게 욕됨이 없을 것이요,
조짐을 알면 마음이 저절로 한가할 것이다.
몸은 비록 인간 세상에 살고 있으나
마음은 도리어 인간 세상을 벗어나네.

－〈안분음(安分吟)〉

安分身無辱이요 知機心自閑이라
안 분 신 무 욕   지 기 심 자 한

雖居人世上이나 却是出人間이니라.
수 거 인 세 상   각 시 출 인 간

한자 풀이

辱(욕, 수치 욕) 幾(기미 기) 雖(비록 수) 却(도리어 각)
是(이 시) 出(날 출)

어휘 풀이

安分(안분) : 분수에 편안하다.
知機(지기) : 조짐을 알다.   却是(각시) : 도리어.

조선의 문인인 안정복(安鼎福 1712~1792)은 안분에 대해 이렇게 말했다.

"분수란 일정하게 제한된 분량이 있음을 일컫는 말이다. 비유하자면 국토를 나누어 서쪽으로 한 걸음 들어가면 진(秦)나라가 되고 동쪽으로 한 걸음 들어가면 제(齊)나라가 되는데, 한 걸음의 땅이라도 혹시나 넘어가려고 생각한다면 이는 넘친 것이요 제 분수가 아니다. 벼슬에 비유하자면, 나아가 일품의 지위에 이르면 공(公)이요, 그 위로 한 자리 올라가면 왕(王)이 되는 것인즉 혹시라도 지나친 생각을 하면 이는 곧 참람한 것으로 분수가 아니다. … 구덩이에 가득 찬 물을 더하면 넘치는데, 그 구덩이가 바로 물의 분수이다. 잔뜩 잡아당긴 활을 더 당기면 활이 부러지는데 잡아당기는 한도가 활의 분수인 것이다. 분수란 사람에게 이미 정해져 있는 것이다. 조금이라도 사사로운 욕심이 더해지면 온갖 화근이 아울러 나타나게 된다. 강절 소 선생은 이르기를, '분수에 편안하면 일신에 욕됨이 없다.'고 했다. 멋지다, 이 말이여!

왕공(王公) 귀인이야 내 감히 말할 것은 못 되고, 나 같은 사람의 분수야 또한 일찍부터 알고 있다. 도시락 밥과 한 바가지 물로 끼니를 이으며 도를 즐기는 것은 안자(顔子)의 분수요, 굶주림을 참고서 책을 읽었던 것은 채씨(蔡氏)의 분수였다. 옛사람이 이르기를 '천리마가 되기를 바라는 말 역시 천리마가 될 말이요, 안자가 되기를 바라는 사람은 곧 안자가 될 사람이라.'고 했다. 진실로 행하기만 한다면 지금 사람도 옛사람과 같이 될 수 있는 것이다."

주제요약 분수를 지킨다는 것은 과욕을 부리지 않는다는 것이지 자포자기를 한다는 뜻이 아니다. 따라서 자기가 처한 현재의 상황에 불평 불만하지 않고, 그 위에서 끊임없이 노력하고 이에 만족하고 사는 것이 분수를 지키고 산다는 것이다.

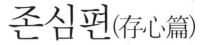

존심편(存心篇)

– 마음을 보존하라

　　존(存)은 '지니다.' '보존하다.' 심(心)은 '마
음', '마음가짐'을 뜻하며, 존심은 '마음을 보
존하라.'란 의미를 지니고 있다. 마음을 보존
하란 말은 마음속에 항상 바른 예(禮)와 인(仁)
을 지니고 살아가란 말이다. 일찍이 맹자가 말
하길 '군자가 남과 다른 까닭은 그 마음을 보
존하고 있는 것 때문이니, 군자는 인과 예를
마음에 지닌다.'라고 했다. 이는 유가(儒家)의
대표적인 실천 명제 중 하나이다.

밀실에 앉아 있어도
마치 탁 트인 사거리에 앉은 것처럼 하고,
작은 마음을 제어하기를
마치 여섯 필의 말을 부리듯
하면 허물을 면할 수 있을 것이다.

－《경행록》

坐密室을 如通衢하고
좌 밀 실　　여 통 구

馭寸心을 如六馬면 可免過니라.
어 촌 심　　여 륙 마　　가 면 과

通衢(통구) : 사방으로 통하는 사거리.

免過(면과) : 허물을 면하다.

주제 엿보기

조선의 유학자인 화담 서경덕(徐敬德 1489~1546)은 지금의 개성인 송도 화정리에서 태어났다. 그의 집안은 양반에 속했으나 할아버지와 아버지가 무반 계통의 하급관리를 지냈을 뿐, 남의 땅을 부쳐먹을 정도로 형편이 어려웠다. 어머니가 공자의 사당에 들어가는 꿈을 꾸고 잉태하여 그를 낳았다 한다.

그는 어릴 때부터 매우 총명하고 영특하여 스스로 학습하여 터득한 적이 많았고, 과거 공부에 얽매이지 않고 도학 공부에 매진했다. 그의 나이 31세 때에는 조광조에 의해 채택된 현량과에 응시하도록 수석으로 추천을 받았으나 사양했다. 현량과란 정식 과거시험 제도가아니고 시골에서 도와 덕이 높은 사람들을 특별 추천받아 특별히 관료로 채용하는 제도이다.

그러나 그는 이를 사양하고 개성의 화담(花潭)에 서
재를 세우고 연구와 교육에 더욱 힘썼다. 하지만 1531
년에 어머니의 간곡한 요청으로 생원시에 응시하여 장
원으로 급제했으나 벼슬을 단념하고 돌아와서 더욱 성
리학의 연구에만 힘썼다.

비록 관직에 나아가지는 않았지만 그의 학문과 고결
한 인격적 명성은 날로 높아졌다. 그런데 당시 개성에
는 팔도에서 유명한 기생인 황진이가 살고 있었다. 황
진이는 전국의 명사들이 꿈속에서라도 한 번 사귀어보
고 싶어하는 절색의 미모와 예능을 지니고 있었다. 한
번은 황진이가 30년간 벽만 바라보고 수도에 정진하던
지족선사를 찾아가 미색으로 시험해 결국 굴복시키고
말았다는 일화가 있을 정도로 유명했다.

그녀는 서경덕의 인품이 고결하고 줏대가 있다는 소
문을 듣고, 그를 유혹하여 굴복시키고 싶은 호기심이
생겼다. 그리하여 서경덕을 유혹하기 위하여 그의 서재
를 찾아갔다. 그를 만난 그녀는 별별 유혹을 다했다. 그
러나 서경덕은 조금도 몸과 마음이 흔들리지 않고 점잖
게 타일러서 가라고 했다. 그런 경우를 처음 당해본 황

진이는 감탄을 하면서 그에게 말했다.

"선생님, 송도에는 절미한 세 가지가 있습니다."

"무엇인가?"

"박연폭포와 선생님, 그리고 소녀입니다."

주제 요약 선비란 뜻을 고상하게 가지고, 배움을 돈독하게 하며, 예절을 밝히고, 의리를 지니며, 청렴과 염치를 긍지로 삼고, 자신의 학문이 성취되면 가문과 나라를 위해 봉사할 사람들이다. 따라서 평소에도 몸가짐을 바로하고 언행일치를 실천하려고 노력한다. 비록 남들이 보지 않는 방 안에 있을지라도 마찬가지로 삼가야 한다.

은혜를 베풀고서 보답받기를 바라지 말고,
남에게 주었거든 후회하지 말라.

－《소서(素書)》

施恩이어든 勿求報하고 與人이어든 勿追悔하라.
시 은　　　　물 구 보　　　여 인　　　　물 추 회

조선 선조 때 홍순언이라는 역관이 있었다. 그는 중국말도 능숙할 뿐더러 학식도 풍부하고 외교 수완도 뛰어난 사람이었다. 또한 여러 차례 중국을 왕래하여 그 나라의 인심과 풍습도 잘 아는 외교관이었다.

어느 해인가 사신 일행으로 명나라에 갔다가 현지에서 친구들과 어울려 술을 마시려고 주막을 찾아 나섰다. 그런데 어느 술집에서 전 병부상서의 딸이 갑자기 돌아가신 부친의 장례에 쓸 경비를 마련하기 위해 구차하게 기루에 일하러 나왔다. 홍순언은 그녀를 불쌍하게 여겨 자신이 지니고 있던 거금을 아무 조건 없이 그녀에게 주었다. 문제는 그 돈이 홍순언 일개인만의 것이 아닌 데 있었다. 그는 귀국 후에 공금을 축낸 죄로 옥살이를 하게 되었다.

한편 그 당시 명나라와 조선 사이에는 해결하지 못한 외교 현안이 하나 있었다. 즉, 중국의 법전인 《대명회전》이란 책에 조선의 시조인 태조 이성계의 아버지 이름이 잘못 올라 있었다. 이를 고치려고 조선 조정에서 기회 있을 때마다 사신을 파견하여 그 수정을 요청했다.

그러나 명나라 조정에 의해 번번이 거절당했었다. 그리
하여 그 책임을 장차 역관에게 물으려고 했다. 이에 놀
란 역관들은 한 번만 더 기회를 달라고 사정하여 승낙을
받은 상태였다. 그런데 문제는 이번에도 해결하지 못하
면 엄벌을 받을 것을 두려워한 역관들이 아무도 명나라
에 가려고 하지 않았다. 이때 역관들은 옥살이를 하고
있는 홍순언을 떠올리고 그가 빚진 돈을 대신 갚아 주고
옥에서 빼 줄 터이니 명나라에 가라고 권유했다.

이에 홍순언은 옥살이하는 것보다는 나을 듯하여 자
청하여 명나라로 갔다. 그런데 명나라에 도착해 보니
예전과 달리 명나라 조정에서 융숭한 대접을 하는 것이
었다. 알고 보니 지난번에 자신이 거금을 주어 구해 준
여자가 명나라 조정의 예부시랑의 아내가 되어 있었던
것이다. 예부시랑이란 오늘날 외교부 차관 정도의 고위
공무원에 해당된다. 그의 도움으로 홍순언은 2백 년 동
안 중국책에 잘못 기재된 조선 왕족의 계보도를 무사히
수정할 수가 있었다. 또 체류하는 동안 예부시랑 부부
에게 극진한 대접을 받고 귀국길에 올랐다.

조선에 돌아오니 선조 임금은 대단히 기뻐하며 그의

공을 치하하여 공신록에 이름을 올리고 종3품으로 직위를 크게 높여 주었다. 당시 역관으로 올라갈 수 있는 최고 직위가 정4품이었으니 파격적인 승진이라고 할 수 있었다.

이뿐만 아니라 임진왜란이 발발했을 때에 급히 명나라에 원군을 청하러 갈 때도 홍순언이 사신 일행으로 갔는데, 공교롭게도 도움을 준 예부시랑이 병부상서가 되어 있었다. 병부상서는 오늘날에 국방부 장관에 해당하는 직위이다. 이번에도 그의 도움으로 신속히 조선에 명나라 원군을 보낼 수 있게 되었다. 후일, 그 공으로 홍순언은 정2품 자헌대부에 올랐다.

주제 요약 홍순언은 사심 없이 남에게 도움을 주고 보답을 기대하지 않았다. 이러한 그의 착하고 의로운 마음은 상대방의 마음을 감복시켜 결과적으로 스스로는 물론 조선 왕조의 명예를 회복하고, 전쟁으로 도탄에 빠진 조선 왕조를 구하는 데 큰 도움이 되었다. 실로 착한 덕을 베푼 자는 결코 외롭지 않다는 것을 실감할 수 있다.

사람은 백 년도 살지 못하면서
쓸데없이 천 년 뒤를 계획한다.

人無百歲人이나 枉作千年計니라.
인 무 백 세 인   왕 작 천 년 계

한자풀이

歲(해, 나이 세) 枉(굽을, 쓸데없이 왕)

어휘풀이

枉作(왕작) : 쓸데없이 ~한다.

주제 엿보기

사람은 백 살도 살기 어렵다. 그러나 대부분의 사람
들은 천년 만년 살 것처럼 욕심을 부린다. 이 어리석은

생각은 과거나 지금이나 별 차이가 없는 것 같다. 다음
은 당나라 때 시승(詩僧) 한산(寒山)의 시이다.

　인생은 백 년을 채우지 못하는데
　언제나 천 년 걱정 가지고 있다네
　내 자신의 병은 또 그렇다 치고
　또 자손들의 걱정까지 한다네
　밑으로는 벼 뿌리를 살펴보면서
　위로는 뽕나무 가지 끝을 살펴본다네
　쇠망치를 동쪽 바다에 떨어뜨려
　밑바닥에 닿아서야 쉴 줄 아는가!

주제
요약 　인생살이 백 년도 넘기기 힘든데, 천년 만년 살
것처럼 욕심을 부리면서 동분서주하고 있다. 쓸
데없는 욕심을 버리고 사는 동안만이라도 가치 있는 삶
을 살자.

마음이 편안하면 초가집도 편안하고,
성품이 안정되면 나물국도 향기롭다.

-《익지서》

心安이면 茅屋穩이요 性定이면 菜羹香이니라.
심 안　　모옥온　　　성 정　　　채 갱 향

주제 엿보기

　조선 중기의 대학자였던 이황(李滉 1501~1570)은 항
상 겸손하고 검소한 생활로 한평생을 살았다. 부귀와

영화를 한갓 뜬구름같이 여기고 예법으로 몸가짐을 바로했다. 다음은 그가 자신의 서재 모습을 시로 읊은 것 중의 하나이다.

　보잘것없는 오막살이
　위로는 비가 새고 옆으로는 바람이 부네
　마른 곳을 찾아 가구를 자주 옮기니
　서책은 헌 상자 속에 담아 거두노라

　말년에 도산서원을 지어 제자를 가르쳤는데, 그의 서실인 완락재의 넓이가 사방 3미터쯤밖에 안 되었다. 이처럼 작은 서재였으나 그는 생각보다 지나치게 높고 크다고 오히려 걱정했다고 한다.
　또한 한평생 일상 생활도 매사에 검소했다. 세수 대야도 질그릇을 쓰고, 베옷을 입으면서도 항상 만족했으며, 외출할 때에는 칡으로 삼은 신에 대나무 지팡이를 짚고 소박하게 차리고 다녔다.
　서울 서소문에서 살고 있을 때의 일이었다. 하루는 경기도 어사 권철이 찾아와서 함께 음식을 먹게 되었는데, 반찬이 간장, 된장 외에 나물뿐이었다. 권철은 차마 먹을 수가 없어서 숟가락을 들지도 않고 그대로 돌아가고 말았다. 권철은 다른 사람에게 고백하길 '나는 입이 너무 짧아서 참으로 부끄러운 일이었다.'고 했다고 한다. 나중에 권철의 말을 전해들은 이황은 다음과 같이 말했다.

"사람이란 고기 반찬만 먹으면 뱃가죽에 기름이 끼어 다른 반찬을 못 먹지만, 나물밖에 못 먹어본 사람은 고기 반찬도 잘 먹을 수 있는 법이라네."

이황은 높은 벼슬도 하고 나라에서 가장 유명한 대학자로서 이렇게 지냈으니, 얼마나 청빈한 생활을 했는지 엿볼 수 있는 것이다.

> **주제 요약** 조선 세종 임금 때, 정승 유관은 '벼슬자리는 백성을 위하는 것이고, 벼슬을 한다고 해서 백성들보다 호화스럽게 산다면 백성을 위한 것이 아니라 자기 자신의 사리 사욕을 채우기 위함이다.'라며 평생 청빈하게 초가집에서 살았다고 한다. 오늘날의 관리도 옛 선비들의 검소함의 미덕을 귀감으로 삼아야 할 것이다.

계성편(戒性篇)

- 성품을 경계하라

　계(戒)는 '경계', 성(性)은 성품을 뜻하며, 계성이란 '성품을 경계하라.'란 의미를 지니고 있다. 사람의 성품은 물과 같아서 한 번 쏟아진 물은 다시 담을 수 없듯이 한 번 방종해진 성품은 다시 되돌리기 어렵다. 따라서 늘 참고 경계하면서 살되 자신에게 엄격하고 남에게는 관대할 것을 권유하고 있다.

사람의 성품은 물과 같아서
물이 한 번 쏟아지면 다시 담을 수 없듯이,
성품도 한 번 방종해지면 다시 돌이킬 수 없다.
물을 다스리려면 둑을 쌓아야 하고,
성품을 다스리려면 반드시 예법을 지켜야 한다.
－《경행록》

人性이 如水하여 水一傾則不可復이요
인 성　　　여 수　　　수 일 경 즉 불 가 복

性一縱則不可反이니 制水者는 必以堤防하고
성 일 종 즉 불 가 반　　　　제 수 자　　필 이 제 방

制性者는 必以禮法이니라.
제 성 자　　필 이 예 법

한자풀이

人(사람 인) 性(성품 성) 如(같을 여) 水(물 수) 傾(기울 경)
不(아니 불) 可(좋을 가) 復(돌아올 복) 縱(늘어질 종)
則(곧 즉) 制(제어할 제) 必(반드시 필) 堤(방죽 제)
防(막을 방) 禮(예절 예)

如水(여수) : 물과 같다.　制水(제수) : 물을 제어하다.

制性(제성) : 성품을 제어하다.

주제 엿보기

이상의(李尙毅)가 아이였을 때에 성품이 몹시 경솔하
여 앉아서도 오래 견디지 못하고, 말만 하면 번번이 망
령되이 말했다. 부모가 그것을 걱정하여 자주 꾸짖는
말을 하시니, 어느 날 이상의는 자신의 경솔한 성품을
고칠 것을 굳게 결심했다. 그리하여 작은 방울을 허리
에 차서 스스로를 경계하여 방울 소리를 들을 때마다
더욱 힘차게 경계하고 삼가서, 나가서나 들어와서나 앉
아서나 누워서나 일찍이 방울을 떼어 낸 적이 없다고
한다. 그 결과 오늘 조금 자제하고 내일 조금 더 자제하
여, 중년이 지난 후에 온전히 천성적인 것처럼 되었다.
후세 사람 중에 경박한 자제를 경계하려는 사람은 꼭
이 이상의를 들어서 모범으로 삼았다고 한다.

주제 요약 속담에 '세 살 버릇 여든까지 간다.'고 했다. 잘 못된 습관이나 성품을 천성적인 것으로 돌리기 보다 스스로 바로 고쳐 나가는 노력이 필요하다.

한순간의 분노를 꾹 눌러 참으면
백 날 동안의 근심을 면하리라.

忍一時之忿이면 免百日之憂니라.
인 일 시 지 분   면 백 일 지 우

忍(참을 인) 時(때 시) 之(갈, 어조사 지) 忿(성낼, 분노 분)
免(면할 면) 憂(걱정 우)

一時之忿(일시지분) : 한때의 분노.
百日之憂(백일지우) : 백 날 동안의 근심.

주제 엿보기

당나라 때 장공예는 9대가 한 집에 살았으나 화목했
으므로 어떤 사람이 그 이유를 묻자, 공예는 곧 참을 인
(忍)자 백 자를 써서 대답했다 한다.

또 왕안석은 '크나큰 화란도 잠깐을 못 참는 데서 일어나는 것이니, 한 마디 말과 한 가지 행동을 조금 더 참지 못하는 데서 마침내 몇 년 동안 발붙일 곳을 정하지 못하게 되는 것이다.' 라며 다음과 같은 시를 지어 경계했다.

어리석은 이들이 화를 내는 건
모두가 이치에 통하지 못했기 때문이네
마음의 불길을 더하지 말고
귓가의 바람으로 흘려 넘기라
잘하고 못하는 건 집집마다 있고
세력이 있을 때는 아첨하여 좇고 권세가 없어지면
푸대접하는 세속의 인정은 곳곳이 같네
시비하는 것은 서로 실상이 없는 것
그 뜻을 따져보면 모두가 헛것일세

주제요약 속담에 '대 끝에서 삼 년'이란 말이 있다. 이는 어려운 고비를 참고 견디어 나간다는 뜻이다. 뾰족하게 깎은 대 끝에서 견딘다는 것은 어려운 일임에 틀림없다. 그렇지만 참고 견디면 그 다음엔 편안함이 온다.

참고 또 참아라. 조심하고 또 조심해라.
참지 않고 경계하지 않으면 작은 일이 크게 된다.

－《경행록》

得忍且忍하고 得戒且戒하라.
득 인 차 인　　　 득 계 차 계

不忍不戒면 小事成大니라.
불 인 불 계　　 소 사 성 대

 풀이

得(얻을 득) 且(또 차) 戒(경계할 계) 事(일 사) 成(이룰 성)
大(큰 대)

 풀이

得忍(득인) : 참음을 얻다.
得戒(득계) : 조심함을 얻다.

공자의 제자인 자장이 떠나고자 했다. 공자께 하직 인사를 올리며 삶의 지침이 될 한 마디 교훈을 청했다.

공자께서,

"모든 행실의 근본으로는 참는 것이 제일 중요하다."

라고 말씀하셨다. 그러자,

"참는 것은 무엇입니까?"

라고 여쭈어 보았다. 공자께서 이렇게 대답하셨다.

"천자가 참으면 나라에 해가 없을 것이다. 제후가 참으면 나라가 커질 것이며, 관리가 참으면 그 지위가 높아질 것이다. 형제가 참으면 그 집안이 부귀해질 것이고, 부부가 서로 참으면 일생을 해로하게 될 것이다. 또한 친구가 서로 참으면 명예가 허물어지지 않을 것이며, 자신이 참으면 화가 이르지 않을 것이다."

자장이 이번에는

"참지 않으면 어떻게 됩니까?"

라고 여쭈어 보았다. 공자께서 이렇게 대답하셨다.

"천자가 참지 않으면 나라가 황폐해질 것이다. 제후가 참지 않으면 그 몸마저 잃게 될 것이며, 관리가 참지 않으면 법 앞에 죽음을 당하게 될 것이다. 형제가 서로 참지 않으면 갈라져 따로 살게 될 것이고, 부부가 서로 참지 않으면 자식들은 부모 없는 고아가 되게 할 것이다. 또한 친구가 참지 않으면 서로간의 우정이 사라지게 될 것이며, 자신이 참지 않으면 걱정 근심이 없어지지 않을 것이다."

자장이 감탄하며 말했다.

"얼마나 좋은 말씀이신가! 참는다는 것은 참으로 어렵구나! 참으로 어렵구나! 사람이 아니면 참지 못하고 참지 못하면 사람이 아니로구나!"

주제 요약 참는다는 것은 좋은 미덕이나 매번 실천하기가 어렵다. 그러나 참지 못하면 크게 성공하지 못한다. 또 만일 나는 참지 못하는데 상대가 참아 넘긴다면 나는 반드시 지고 말 것이고 결국에는 자신과 집안을 망치게 한다.

자기를 굽힐 줄 아는 사람은
중요한 지위에 오를 수 있고,
남을 이기기 좋아하는 사람은
반드시 적을 만나게 될 것이다.

−《경행록》

屈己者는 能處重하고 好勝者는 必遇敵이니라.
굴 기 자　　능 처 중　　　호 승 자　　필 우 적

한나라를 세우는 데 큰 공헌을 한 한신이 평민이었을 때의 이야기이다. 가난한 데다 이렇다 할 선행도 없었기 때문에 추천되거나 선택되어 관리가 될 수도 없었다. 또 장사를 해서 생계를 이을 수도 없어, 늘 남에게 의지하여 살았기 때문에 그를 싫어하는 사람들이 많았다. 한신이 회음성 밑에서 낚시질을 하고 있을 적이었다. 무명 빨래를 하던 몇몇 부인들이 한신이 굶주린 것을 알아차리고 그에게 밥을 주었다. 빨래가 끝날 때까지 수십 일 동안 그렇게 했다. 한신이 좋아서 부인에게 말했다.

"내가 언젠가는 반드시 두둑히 보답하겠습니다."

그랬더니 부인이 화를 내면서 말했다.

"사나이 대장부가 제 손으로 입에 풀칠도 못 하니 불쌍해서 밥을 드렸을 뿐이오. 무슨 보답 같은 것을 바라겠소."

회음성의 백정촌 젊은이들 중에서 한신을 깔보는 자가 있어서 말했다.

"야, 이놈아! 체통만 지키려고 칼 같은 걸 차고 있지만 틀림없이 겁쟁이일 테지."

그러고는 대중 앞에서 한신을 모욕하며 말했다.

"이놈아! 죽으려면 나를 찔러봐라, 죽기 싫으면 내 가랑이 아래로 기어나가라."

이때 한신은 잠시 그를 쏘아보다가 엎드려서 가랑이 밑으로 기어나갔다. 온 시장 사람들은 그를 비웃으며 겁쟁이라고 손가락질했다.

나중에 한신은 한나라의 대장군이 되어 초나라를 물리치고 천하를 통일하는 데 큰 공헌을 세우고 한왕(韓王)이 되었다. 그리하여 회음성으로 돌아가서 일찍이 무명 빨래를 하던 부인을 불러 천금을 내렸다. 또 자기에게 가랑이 밑으로 기어나가게 하여 욕을 보인 사람을 불러 군관으로 임명하고, 여러 장군이나 재상에게 고했다.

"이 사람은 장사(壯士)다. 나에게 모욕을 주었을 때 내가 이 사람을 못 죽일 바 없었으나 죽인다 하더라도 명예로울 것이 없어 참고 또 참아서 오늘에 큰 공을 세웠다."

이와 반면에 '힘은 산을 뽑고 기세는 세상을 덮는다.'는 역발산기개세(力拔山氣蓋世)의 서초패왕(西楚霸王)

항우는 항상 남을 이기기를 좋아하여 전쟁 초기에는 백전백승했다. 그러나 한신과 같은 능력 있는 사람을 알아보지 못하고 남을 믿지 않았으며 참을성이 없었다. 그리하여 결국 전쟁 말기에는 역전패하여 스스로 분을 참지 못하고 오강에서 목찔러 죽었다.

주제 요약 어떠한 일이든 여러 번 패하여도 기가 꺾이지 않고 참아 넘길 수 있는 자라야만이 성공할 수 있다. 만일 나는 참지 못하는데 상대가 참아 넘긴다면 나는 반드시 지고 만다.

남이 나에게 욕을 해대도
귀먹은 체하고 대답 안한다네.
마치 불이 허공에서 혼자 타다가,
애써 끄지 않아도 꺼지는 것과 같다네.
내 마음은 텅 빈 허공과도 같은데,
너는 한결같이 혀와 입술을 나불거리나.

我若被人罵라도 佯聾不分說하라.
아 약 피 인 매　　　양 롱 불 분 설

譬如火燒空하여 不救自然滅이라.
비 여 화 소 공　　　불 구 자 연 멸

我心等虛空인데 摠爾飜脣舌이니라.
아 심 등 허 공　　　총 이 번 순 설

한자 풀이

罵(욕할 매) 佯(거짓, ~인 체하다 양) 譬(비유할 비)
燒(사를 소) 救(구할 구) 滅(멸망, 꺼질 멸) 摠(모두 총)
飜(뒤칠 번) 脣(입술 순) 舌(혀 설)

不分說(불분설) : 구분해서 말하지 말라.

譬如(비여) : 비유하면 ~와 같다.

火燒(화소) : 불이 타다.

脣舌(순설) : 입술과 혀.

주제 엿보기

중국의 양홍도는 여섯 가지를 참는다는 뜻에서 육인 (六忍)이란 글을 지었는데 그 내용은 이렇다.

'첫째 범하는 것을 참는 것이니 범한다는 것은 남이 나를 범하는 것이요, 둘째 욕하는 것을 참는 것이니 욕 한다는 것은 남이 나를 업신여기는 것이며, 셋째 미움 을 참는 것이니 밉다는 것은 내가 남을 미워하는 것이 요, 넷째 노여움을 참는 것이니 노엽다는 것은 미워하 는 상태가 심한 것이며, 다섯째 깔봄을 참는 것이니 깔 본다는 것은 미운 마음이 생겼으나 가벼운 것이요, 여 섯째 욕심을 참는 것이니 욕심은 끝없이 탐하기만 하는 것이다.'

주제
요약 《불경》에는 '참는 것에는 온갖 선이 함축되어 있고, 침묵 속에는 온갖 잘못이 잠든다.'고 했다. 이는 참고 침묵하면 좋은 일이 생기고 잘못할 소지가 줄어든다는 뜻이다.

근학편(勤學篇)

– 부지런히 힘써 배워라

    근(勤)은 '부지런하다.' 학(學)은 '배우다.'를 뜻하며, 근학이란 '부지런히 배워라.'란 의미를 지니고 있다. 옛 사람들은 배움의 중요성에 대해, '배우는 사람은 그 몸이 보배이고, 배운 사람은 세상의 보배가 된다.'고 했다. 학문의 중요성을 강조하며 언제나 부지런히 배우면서 살아갈 것을 권유하는 글귀들이 실려 있다.

옥도 다듬지 않으면 그릇이 안 되듯이,
사람도 배우지 않으면 도리를 모른다.

– 《예기(禮記)》

玉不琢이면 不成器하고 人不學이면 不知道니라.
옥 불 탁   불 성 기   인 불 학   부 지 도

한자풀이

玉(구슬 옥) 不(아니 불) 琢(쪼을 탁) 成(이룰 성)
器(그릇 기) 人(사람 인) 學(배울 학) 知(알 지) 道(길 도)

어휘풀이

知道(지도) : 도리를 알다.

당나라의 대시인 이백이 소년이었을 때의 일이다. 당시 이백은 약간 자포자기의 기분이 되어 있었다. 학문이 생각대로 진보되지가 않았던 것이다. 그래서 더 이상 학문을 계속해도 소용이 없다는 생각으로, 학문이 아직 성취되지 않았는 데도 그것을 버리고 집으로 돌아가려 했다. 그 돌아가는 길에서 한 사람의 노파가 쇠공이를 갈고 있는 것을 보았다. 이백은 노파에게 물었다.

"할머니, 쇠공이를 갈아서 어찌할 것입니까?"

할머니가 대답했다.

"바늘을 만들 생각이야!"

이백은 '이렇게 큰 쇠공이를 아무리 갈더라도 바늘이 될 리가 있나?' 라고 생각하고, 한바탕 크게 웃었다.

"이거 웃을 일이 아니야. 노력만 하면 큰 쇠공이라도 바늘로 만들 수 있는 거야."

할머니는 꾸짖었다. 이백은 머리를 세게 얻어맞은 것 같은 느낌으로 할머니에게 사과를 했다. 그 이후에 그는 쉬지 않고 공부에 열중했다. 그 결과 중국 역사에 남는 유명한 대시인이 될 수 있었다.

주제 요약 아무리 훌륭한 보석이라도 다듬지 않으면 한낱 돌덩이에 불과하다. 사람 역시 마찬가지로 천성적으로 훌륭한 재질을 가지고 태어났어도 배우지 않으면 평범하게 된다. 배움에는 인내와 끈기가 필요하다.

사람이 옛 일과 지금 일을 알지 못하면,
말과 소에게 옷을 입힌 것과 같다.

−한문공(韓文公)

人不通古今이면 馬牛而襟裾니라.
인 불 통 고 금　　　마 우 이 금 거

한자풀이

人(사람 인) 不(아니 불) 通(통할 통) 古(옛 고)
今(이제 금) 馬(말 마) 牛(소 우) 而(접속사 이)
襟(옷깃 금) 裾(옷섶 거)

어휘풀이

古今(고금) : 옛날과 지금.　　馬牛(마우) : 말과 소.
襟裾(금거) : 옷깃과 옷섶, 옷.

중국 오나라의 장수 여몽은 전쟁에는 능했지만 글공부에는 통 관심을 보이지 않았다. 이를 안타깝게 생각한 손권은 여몽을 불러서 말했다.

"경(卿)은 지금 공무를 보고 난 후에 글공부를 하지 않으면 안 된다."

여몽이 대답했다.

"군중(軍中)에 처리할 일이 많아서 글공부할 시간이 없습니다."

손권이 다시 말했다.

"짐이 경에게 글공부를 해서 박사가 되라고 했는가! 그러나 옛 일을 알지 않으면 안 된다. 경이 공무가 많다고 하는데, 짐보다 공무가 많은가? 짐은 경보다 공무가 많지만 그 바쁜 와중에 항상 독서를 하고 있는데, 크게 도움이 되더라."

이에 여몽은 시간만 나면 불철주야로 글공부를 했다.

한 번은 노숙(魯肅)이 여몽이 있는 곳을 지나다가 그와 만나서 담론하고 난 후 크게 놀라서 이렇게 말했다.

"경께서 지금 지닌 재략은 과거에 내가 알던 경과는

사뭇 다릅니다."

여몽이 대답했다.

"선비는 삼 일 동안 헤어지고 나면 서로 눈을 비비고 상대해야 합니다."

그리하여 노숙은 그와 평생지기로 사귈 것을 그의 어머니 앞에서 서약하고 돌아갔다. 여기에서 괄목상대(刮目相對 : 서로 눈을 비비고 상대하다.)라는 고사가 유래되었다.

> **주제 요약** 현재의 것만을 알고 옛것을 모른다면 이는 마치 두 발로 걷는 것이 아니라 한 발로 걸어다니는 것과 마찬가지이다. 그래서 공자님도 '옛것을 알고 새것을 알아야만 스승이 될 수 있다.'고 말씀하신 것이다.

집이 만약 가난하더라도
가난 때문에 배움을 그만두어서는 안 되고
집이 만약 부유하더라도
부유함을 믿고 배움을 게을리해서는 안 된다.
가난하면서 부지런히 배운다면 몸을 세울 수 있고,
부유하면서 부지런히 배운다면
이름이 더욱 빛나 드러날 것이다.

– 주문공(朱文公)

家若貧이라도 不可因貧而廢學이요,
가 약 빈   불 가 인 빈 이 폐 학

家若富라도 不可恃富而怠學이니라.
가 약 부   불 가 시 부 이 태 학

貧若勤學이면 可以立身이요,
빈 약 근 학   가 이 입 신

富若勤學이면 名乃光榮이니라.
부 약 근 학   명 내 광 영

家(집 가) 若(만약 약) 貧(가난할 빈) 廢(폐할 폐)

울 학) 恃(믿을 시) 富(부유할 부) 怠(게으를 태)

勤(부지런할 근) 立(세울 입) 身(몸 신) 名(이름 명)

光(빛날 광) 榮(영달 영)

어휘 풀이

不可(불가) : ~안 된다. ~좋지 못하다.

廢學(폐학) : 배움을 그만두다.

恃富(시부) : 부유함을 믿다.

怠學(태학) : 배움을 게을리하다.

勤學(근학) : 부지런히 배우다.

立身(입신) : 몸을 세우다.　光榮(광영) : 빛나 드러나다.

주제 엿보기

중국 문인인 원매(袁枚 1716~1797)가 지은 〈황생차서설(黃生借書說)〉 글에는 다음과 같은 흥미로운 고사가 나온다. 즉, 황윤수라는 서생은 집안이 가난하여 항상 보고 싶은 책을 사서 볼 수가 없었다. 그래서 매번 주변에 부유한 선비의 집에서 책을 빌려보곤 했는데, 빌려 온 책은 반드시 완독하고 돌려 주었다.

그런데 한 번은 장씨 집에 진짜로 보고 싶은 책이 있어서 빌리러 갔는데, 매정하게 거절당했다. 그래서 어쩔 수 없이 집으로 돌아왔는데 꿈을 꾸면서도 그 책을 보고 싶어했다. 그리하여 다시 여러 차례 찾아가 통사정을 하여서 결국에는 책을 빌려 수십 번 완독하고 돌려 주었다. 이러한 독서열이 있었기 때문에 그는 수년 후에 과거에 합격하여 관리가 될 수 있었다. 그런데 자신이 막상 관리가 되어 보고 싶은 책을 원없이 사볼 수 있는 형편이 되자 별로 독서하고 싶은 욕망이 생기지 않았다.

그런데 하루는 어떤 가난한 서생이 자신의 집을 찾아와서 책을 빌려달라고 통사정을 했다. 이에 황윤수는 과거의 자신을 돌이키는 계기가 되었다. 그리하여 다시 독서열을 되살려서 학문에 매진하여 세상에서 존경받는 고관대작이 되었다.

**주제
요약** 배움의 세계에서 가난과 부유함을 장애와 핑계로 삼지 말아야 한다. 어떤 경우에는 가난한 자가 오히려 부유한 자보다 유리한 입장이 될 수 있다. 때문에 가난한 자나 부유한 자 모두 독서에 대한 초심을 잃지 말고 노력하여 더욱 훌륭한 사람이 되어야 한다.

배우기는 미치지 못한 것같이 하고,
오직 배운 것을 잃어버릴까 두려워하라.

– 《논어》

學如不及이요 猶恐失之니라.
학 여 불 급   유 공 실 지

學(배울 학) 如(같을 여) 猶(마땅할 유) 恐(두려울 공)
失(잃을 실)

不及(불급) : 미치지 못하다.

송나라 태조 조광윤을 도와서 중국 천하를 통일하는 데 큰 공을 세운 사람 중에 조보라는 사람이 있었다. 그러나 그는 어릴 때부터 전쟁터에 나가느라 글공부할 틈이 없었기 때문에 학문에 어두웠는데, 그는 늘 이 점을 염려하여 퇴근한 뒤에는 두문불출하며 글을 읽어서 마침내 많은 학식을 갖추게 되었다.

그는 송 태조에 이어 태종이 즉위한 뒤에도 승상으로 임용되어 국정을 잘 살폈는데, 시기하는 사람들이 그를 몰아 내기 위해 '그는 겨우 《논어》밖에 읽지 못해서 중책을 맡기기 어렵다.'는 소문을 퍼뜨렸다. 태종이 조보를 불러서 묻자, 조보는 다음과 같이 말했다.

"신은 평생에 아는 바는 진실로 《논어》의 반부(半部)뿐입니다. 그러나 그 반부의 지식으로 태조께서 천하를 평정하시는 것을 보필했고, 지금은 그 나머지 반으로써 폐하께서 태평성대를 이룩하시는데 도움이 되고자 합니다."

훗날 조보가 죽은 뒤에 주변 사람들이 그의 유품을 정리하다가 그의 책 상자를 열어보았을 때 정말 《논어》

한 권밖에 들어 있지 않았다고 한다. 이 때문에 '반부논
어' 라는 고사성어까지 생겼다.

주제
요약 모름지기 학문을 하는 사람은 자신의 지식에
겸손해 할 줄도 알아야 한다는 것을 비유한 말
이다. 동시에 만학의 중요성을 일깨워 주는 말이다.

훈자편(訓子篇)

– 자식을 잘 가르쳐라

    훈(訓)은 '가르친다.' 자(子)는 '자식'을 뜻하며, 훈자란 '자식을 잘 가르쳐라.'란 의미를 지니고 있다. 예나 지금이나 교육의 중요성은 새삼 거론할 필요도 없다. 특히 우리나라처럼 천연자원이 부족한 나라에서 인재 교육은 나라 발전의 원동력이 되었다. 마찬가지로 가난한 집안을 크게 일으키려면 자식 교육보다 더 효율적인 것이 없다. 경제적인 측면뿐만 아니라 정신적인 측면에서도 교육은 개인 삶과 사회를 더욱 가치 있고 풍요롭게 만들 수 있다.

책을 읽는 것만큼 최고의 즐거움은 없고,
자식을 가르치는 일만큼 중요한 것은 없다.

－《한서(漢書)》

至樂은 莫如讀書요 至要는 莫如敎子니라.
지락　　막여독서　　지요　　막여교자

송나라의 조수인이 말하길 '나는 평생 세 가지 소원이 있다. 그것은 세상의 좋은 사람은 모두 알기를 원하고, 세상의 좋은 글은 모두 읽기를 원하며, 세상의 경치 좋은 산수는 모두 보기를 원하는 것이다.' 라고 했다.

또 마인은 평생 세 가지 애석한 것이 있었는데 그것은 '이 생에 배우지 못한 것이 첫째의 애석이요, 이날을 한가히 넘기는 것은 둘째의 애석이요, 이 몸이 한 번 실패한 것은 셋째의 애석이다.' 라는 것이다.

조수인의 세 가지 소원과 마인의 세 가지 애석 중에 모두 독서의 열망과 아쉬움이 포함되었다. 비단 이 두 사람뿐만 아니라 대다수의 사람들은 그런 열망과 아쉬움이 있을 것이다.

《고문진보》의 〈권학〉에는 다음과 같은 글이 있다.

'부모가 그 자식을 기르면서 가르치지 않으면 이는 그 자식을 사랑하지 않는 것이요, 비록 가르치더라도 엄하지 않으면 이 역시 그 자식을 사랑하지 않는 것이다. 부모가 가르치는데, 배우지 않으면 이는 자식이 그 몸을 사랑하지 않는 것이다. 비록 배우더라도 부지런히

하지 않으면 이 역시 그 몸을 사랑하지 않는 것이다. 이
때문에 자식을 기르면 반드시 가르치고 가르치려면 반
드시 엄해야 한다. 엄하면 반드시 부지런히 할 것이고
부지런히 배우면 반드시 성취할 수 있다. 배우면 서인
의 자식이 귀한 공경(公卿)이 될 것이고, 배우지 않으면
공경의 자식도 서인이 될 것이다.'

주제
요약 독서는 과거 선현들의 지혜는 물론이고 현대의
생생한 정보를 알 수 있고, 또 미래 사회에 대
한 예측을 가능하게 할 수 있다. 따라서 그 유익성과 즐
거움을 새삼스럽게 다시 설명할 필요는 없을 것이다. 그
리고 '자식 농사가 제일' 이란 말처럼 교육은, 한 집안은
물론 사회나 국가를 위한 백년대계이다.

집안에 현명한 아버지와 형이 없고
밖에 엄한 스승과 벗이 없이
능히 성공하는 사람은 드물다.

– 여형공(呂榮公)

內無賢父兄하고 外無嚴師友요
내 무 현 부 형   외 무 엄 사 우

而能有成者는 鮮矣니라.
이 능 유 성 자   선 의

한자풀이

內(안 내) 無(없을 무) 賢(어질, 현명할 현) 外(바깥 외)
嚴(엄할 엄) 師(스승 사) 友(벗 우) 能(능할 능) 有(있을 유)
成(이룰 성) 者(놈 자) 鮮(신선할, 드물 선) 矣(어조사 의)

어휘풀이

賢父兄(현부형) : 현명한 아버지와 형.
嚴師友(엄사우) : 엄한 스승과 벗.

증자 아내가 시장을 가려고 하니, 그의 아들이 뒤따라오면서 같이 가고자 울면서 떼를 썼다. 증자의 아내는 달래면서 아들에게 말했다.

"너는 집에 돌아가 있어라! 내가 시장에서 돌아오면 돼지를 잡아서 맛난 고기 반찬을 만들어 주겠다."

증자의 아내가 시장에 갔다 오니 증자가 돼지 잡을 준비를 하고 있었다. 아내가 놀라서 그를 저지하며 말하길,

"내가 단지 아이를 달랠 생각으로 돼지를 잡는다고 거짓말을 했을 뿐입니다."

증자가 말하길,

"아이에게 거짓말을 하면 안 됩니다. 아이는 사정을 알지 못하고 오직 부모를 믿을 뿐입니다. 또 모든 것을 부모에게 배우는데, 부모가 아이를 속인다면 아이도 자라서 남을 속일 것입니다. 또 부모를 믿지 않게 되니 이는 좋은 성인과 군자의 교육 방법이 아닙니다."
라는 말을 마치고 돼지를 잡아 아이들에게 먹었다.

맹자는 어려서 아버지를 여의고 홀어머니 밑에서 자랐다. 그가 어렸을 때 거주한 지방은 공동묘지 부근이

었다. 때문에 맹자가 장사 지내고 통곡하는 것을 배워 흉내를 냈다. 어머니는 '이 지방은 아이를 키우기에는 적합하지 않다.' 라고 생각하면서 시장의 도살장 부근으로 이사를 갔다. 맹자는 또 그곳에서 장사하고 도축하는 것을 배워 흉내를 냈다. 어머니가 또 생각하길 '이 지방도 아이를 키우기에 적합하지 않다.' 라며 다시 학교 부근으로 이사를 갔다. 그랬더니 관원들이 학교로 와서 선현들에게 제사를 지내고 스승과 제자의 인사하는 예의를 흉내 내고 글을 읽는 것을 배웠다. 이에 그 어머니가 말했다.

"이곳은 내 아들이 배울 만한 곳이다."
하고 드디어 거주했다. 이것이 바로 맹모삼천(孟母三遷)의 고사이다. 덕분에 맹자는 뒤에 대학자로 성공할 수 있었다.

주제 요약 자식은 부모, 스승, 벗, 주변 환경 등에 직·간접적인 영향을 받는다. 따라서 어릴 때부터 세심한 주의와 관심을 기울여 좋은 교육 환경을 만들어 주어야 한다. 부모는 항상 모범이 되는 행동을 보이고 좋은 스승에게 힘써 배우면서 선량한 벗을 사귀어야 훌륭한 인물이 될 수 있는 것이다.

성심편(省心篇)

- 마음을 살펴라

성(省)은 '살피다.' '반성하다.' 심(心)은 '마음'을 뜻하며, 성심이란 '마음을 살펴라.'란 의미를 지니고 있다. 본편은 자신의 마음을 성찰할 수 있는 글뿐만이 아니라 시세에 변화하는 다른 사람의 마음까지 꼼꼼히 살펴볼 수 있는 글들이 실려 있다. 다른 편에 비해 그 분량이 가장 많다.

집안이 화목하면 가난도 좋으나니,
의롭지 못하다면 부유해서 무엇하랴.
단 한 명의 자식이라도 효성이 지극하다면
자손이 많은들 무엇하랴.

家和貧也好니 不義富如何오.
가 화 빈 야 호   불 의 부 여 하

但存一子孝면 何用子孫多리오.
단 존 일 자 효   하 용 자 손 다

한자풀이

家(집 가) 和(화목할 화) 好(좋을 호) 義(옳을 의)
何(어찌 하) 但(다만 단) 用(쓸 용)

어휘풀이

家和(가화) : 집안이 화목하다.
何用(하용) : 무슨 소용이 있겠는가.

명나라 말기에 단양 사람인 추본성은 아버지를 지극히 섬긴 효자이다. 집안은 가난하고 그의 아버지는 술을 즐기는 사람인지라 살림을 돌보지 않았다. 그러나 아내와 더불어 아버지를 지극하게 모시고 행복하게 살았다.

그의 아내 속씨는 부지런히 길쌈을 하여 살림을 돕고, 추본성은 힘써 농사를 짓고 뽕나무를 가꾸고 가축을 기르고 물고기를 잡아서 아버지를 봉양했는데, 매일 아침에는 채소 반찬으로 정결히 밥상을 차리고, 낮에는 잘게 썬 회와 연한 고기를 드리고, 저녁에는 반드시 따뜻한 술에 안주를 갖추어 아버지에게 마시기를 권하고서, 부드러운 얼굴로 곁에 모시고 앉아서 술잔을 따른다. 아버지가 취하여 노래를 부르다가 노래가 끝나면 대야를 받들어 얼굴을 씻어드린 다음 부축하여 잠자리에 들게 한다.

밤에는 꼭 이불을 덮어드리고 휘장을 내렸으며, 잠든 뒤에는 반드시 병풍 뒤에 서서 코고는 소리를 듣고서야 물러나왔다. 첫닭이 울면 일어나 즉시 아버지 곁으로 가서 모셨으며, 매양 제철에 맞는 신선하고 아름다운 물건을 만날 때마다 반드시 온갖 방법으로 사서 드렸다.

그리고 부세를 바치는 일이나 반찬을 마련하는 일 외에는 시장에 가지 않았고, 농사짓고 나무하는 일이 아니면 아버지의 곁을 떠나지 않았다. 이렇게 30여 년을 계속하는 동안에 조금도 게을리하지 않았다. 아버지가 죽자 몹시 슬퍼한 나머지 뼈만 앙상히 남았고, 늙도록 아버지를 사모하는 마음을 가졌다.

주제 요약 얼마 전부터 우리 사회 일각에선 '딸 하나 잘 두면 열 아들보다 낫다.'는 말이 생겼다. 효녀가 나날이 늘어나고 있다는 증거이다. 또 그 말 속에는 아들들 중에는 효도하는 자식이 적다는 소리이니, 남자들은 반성할 필요가 있다.

총애받고 있을 때는 버림받을 때를 미리 생각하고,
편안하게 지내고 있을 때는
위험에 처하게 될 때를 미리 생각하라.

得寵이면 思辱하고 居安이면 慮危하라.
득 총   사 욕   거 안   려 위

得(얻을 득) 寵(은혜, 사랑 총) 思(생각 사) 辱(수치 욕)
得(얻을 득) 安(편안할 안) 慮(생각 려) 危(위태로울 위)

得寵(득총) : 총애를 얻다.
思辱(사욕) : 욕됨을 생각하다.
居安(거안) : 편안하게 지내다.
慮危(려위) : 위험을 생각하다.

옛날에 미자하라는 미소년이 위나라 왕의 총애를 받은 적이 있었다. 위나라 법에 임금의 수레를 훔쳐 타는 자는 발꿈치를 자르는 형벌을 받게 되어 있었다. 그런데 어느 날 미자하의 어머니가 병이 나자 미자하는 몰래 임금의 수레를 타고 어머니 병문안을 다녀오게 되었다. 왕이 그 소식을 듣고는 '효성스럽구나! 어머니를 위해서 자신의 발꿈치를 잘리는 형벌도 잊었구나.'고 말하고, 미자하의 죄를 용서해 주었다.

다른 날 미자하는 왕과 더불어 과수원을 노닐었는데, 마침 복숭아가 탐스럽게 익었다. 그래서 미자하가 복숭아 하나를 따서 반쯤 먹어보니 하도 맛이 좋아 남은 반쪽의 복숭아를 왕에게 주었다. 왕은 이를 불경스럽게 생각하지 않고 말하길 '미자하가 나를 사랑하는구나! 맛있는 복숭아를 혼자서 다 먹지 않고 과인에게 남겨 주는구나.' 라고 했다.

세월이 흘러 미자하의 용모도 추하게 변했고, 또 왕에게 죄까지 얻었다. 왕은 '옛날에 너는 과인의 수레를 몰래 훔쳐 타고, 또 불경스럽게 먹다가 남은 복숭아를

건네 준 적이 있었다.' 라고 말하고 과거의 죄까지 모두 합하여 형벌을 주었다.

　사실 미자하의 행동은 처음과 변한 것이 없었는데, 이전에는 귀여운 용모 때문에 무슨 행동을 해도 왕의 총애를 받았다. 그런데 세월이 지나 과거 용모을 잃어 버리게 되자 왕의 눈 밖에 나서 조금만 잘못된 행동을 하더라도 용서받지 못하게 된 것이다.

주제 요약 사랑과 미움은 영원한 것이 아니라 언젠가는 변할 수도 있는 것이다. 때문에 지금 당장 사랑을 받는다고 자만하지 말고 항상 뒷날을 생각하여 신중하게 행동해야 한다.

하늘에는 예측하지 못할 바람과 비가 있고,
사람에게는 아침 저녁으로
달라지는 화와 복이 있다.

天有不測風雨요 人有朝夕禍福이니라.
천 유 불 측 풍 우   인 유 조 석 화 복

어휘풀이

不測(불측) : 예측하지 못하다.
風雨(풍우) : 바람과 비.
朝夕(조석) : 아침과 저녁.

옛날 중국의 한 변방에 점을 잘 치는 노인이 있었다. 그런데 그 집에서 키우던 말이 아무 까닭도 없이 오랑캐의 땅으로 달아났다. 이웃 사람들이 모두 와서 위로하니, 그 노인이 담담하게 이렇게 말했다.

"이 일이 갑자기 복이 되는지 누가 알겠소?"

그 후 몇 개월이 지나자 달아난 말이 오랑캐의 준마들을 거느리고 돌아왔다. 이웃 사람들이 모두 와서 축하하니, 노인이 또 이렇게 말했다.

"이 일이 갑자기 화가 되는지 누가 알겠소?"

집에 갑자기 좋은 말들이 많이 있고 부자가 되니, 그 아들이 종일토록 말타기를 좋아하다가 말 위에서 떨어져 다리 병신이 되었다. 이웃 사람들이 모두 와서 위로하니 그 노인은 이렇게 말했다.

"이 일이 갑자기 복이 되는지 누가 알겠소?"

일 년 정도가 지난 후에 오랑캐들이 변방을 침입하니, 마을 젊은이들이 모두 전쟁터로 나갔다가 열 명 중 아홉 명이 죽었다. 그러나 그 노인과 다리 병신이 된 아들은 전쟁터로 끌려 나가지 않았기 때문에 모두 무사할 수가 있었다. 때문에 복이 화가 되고, 화가 복이 되는 그 변화는 예측하기 어렵다.

주제 요약 이 이야기는 '변방에 사는 늙은이의 말'이란 뜻에서 '새옹지마(塞翁之馬)'라고 한다. 또 '화가 복이 된다.'는 '전화위복(轉禍爲福)'과 그 의미가 서로 통한다. 알 수 없는 운명의 순리를 비유하고 있다.

물 속의 물고기와 하늘가의 기러기는
높아도 쏘아 잡고 깊어도 낚을 수 있지만
오직 사람의 마음만은 지척에 있어도
그 마음 도무지 예측할 수 없네.

－《풍간(諷諫)》

水底魚天邊雁은 高可射兮低可釣지만,
수 저 어 천 변 안　　고 가 사 혜 저 가 조

惟有人心咫尺間이나 咫尺人心不可料니라.
유 유 인 심 지 척 간　　　지 척 인 심 불 가 료

한자풀이

水(물 수) 低(밑 저) 魚(고기 어) 天(하늘 천) 邊(가 변)

雁(기러기 안) 射(쏠 사) 兮(어조사 혜) 釣(낚시 조)

惟(오직 유) 咫(길이 지) 尺(자 척) 間(사이 간)

料(셀, 헤아릴 료)

水底(수저) : 물밑. 天邊(천변) : 하늘가.
咫尺間(지척간) : 가까운 거리.

주제 엿보기

중국 위나라 왕이 초나라 회왕에게 미녀를 보냈다.
초나라 왕은 그녀를 어여삐 여겼다. 부인인 정수는 그
사실을 알게 되자 그 여인을 심히 귀여워했다. 의복, 침
구, 실내 장식, 노리개 등 모두 그녀가 좋아하는 것을
장만해 주었다. 어찌나 귀여워해 주던지 회왕도 낯이
뜨거울 정도였다. 정수는 자기가 그녀를 질투하지 않는
다는 것을 왕이 알게 한 다음, 그녀에게 말했다.

"왕께서는 지금 당신의 아름다움을 사랑하고 있소.
그러나 당신의 코만은 불만이신 듯합니다. 왕 앞에서는
꼭 그 코만은 손으로 감싸서 감추도록 하오."

새 여인은 왕이 있을 때는 반드시 코를 감싸서 감추
었다. 회왕이 정수 부인에게 물었다.

"새로 들어온 여인은 과인을 대할 때 코를 감싸는데,

그 이유가 무엇이라 생각하오?"

정수가 말하길,

"제가 알고 있습니다."

왕이 말하길,

"비록 나쁜 일이라 할지라도 반드시 말해 보도록 하시오."

이에 정수가 대답하길,

"전하의 몸에서 나는 냄새가 싫다고 하더이다."

이에 왕이 분노하여 말했다.

"이런 괘씸한지고."

그리고 곧바로 코를 베어 내는 형벌인 의형에 처하고 명령을 어기지 말라고 했다.

그리하여 회왕의 새 여인은 더 이상 사랑받지 못하는 추한 얼굴을 지니게 되었다. 이는 기실 정수의 질투에서 비롯된 것이지만 지척에 있으면서도 사람 마음을 알기 어렵다는 이야기 중의 하나이다.

주제 요약 옛날 여인들을 집안에서 쫓아낼 수 있는 일곱 가지 사항인 칠거지악(七去之惡) 중에 하나가 질투이다. 이처럼 질투는 사람의 마음을 무섭게 만들 수 있다. 비단 질투할 때뿐만 아니라 개개인마다 처한 상황과 세월에 따라 사람의 마음은 변화 무쌍하니 그 의도를 알기 어렵다.

바다가 마르면 마침내 바다을 볼 수 있지만,
사람은 죽더라도 그 마음을 알 수 없다.

海枯終見底나 人死不知心이니라.
해 고 종 견 저   인 사 부 지 심

한자 풀이

海(바다 해) 枯(마를 고) 終(마침내 종) 見(볼 견)
底(밑 저) 人(사람 인) 死(죽을 사) 不(아니 불) 知(알 지)
心(마음 심)

어휘 풀이

海枯(해고) : 바다가 마르다.

조선 영조 임금의 왕비를 간택할 때, 사대부의 여자들이 궁중에 많이 모였다. 그런데 한 여인이 방석에 바로 앉지 않고, 방석 뒤에 다소곳이 앉아 있었다. 이에 임금이 물었다.

"무엇 때문에 방석에 바로 앉지 않느냐!"

그 여인이 말했다.

"아버지의 함자가 방석 끝에 새겨 있어서 감히 앉을 수가 없었습니다."

조선 시대 궁중에는 관리의 품계에 따라 자신의 이름이 새겨진 방석이 별도로 있었는데, 아마도 그 관리 집안의 딸이라는 의미에서 여인들에게 아버지가 앉는 방석을 제공한 것 같다. 그런데 다른 여인들은 모두 자신의 아버지의 이름이 새겨진 방석에 무심코 앉았는데, 그 여인만은 자신의 아버지의 이름이 새겨진 방석에 앉는 것은 불경스런 일이라고 사양한 것이었다.

또 임금이 여러 여인들에게 물었다.

"세상에서 어떤 사물이 가장 깊은가?"

이에 어떤 여인은 '산이 가장 깊다.'고 대답하고, 어떤 여인은 '물이 가장 깊다.'라고 하는 등 의견이 분분했다. 이때 자기 아버지의 방석에 앉지 않았던 여인만이 다음과 같이 말했다.

"사람의 마음이 가장 깊습니다."

임금이 그 이유를 물으니, 그 여인이 대답했다.

"어떤 사물이라도 그 깊이를 측정할 수 있는데, 오직 사람의 마음만은 그 깊이를 측정할 수 없습니다."

그리하여 이 여인이 마침내 왕후로 간택되었는데, 바로 정순왕후이다.

주제 요약 사람의 마음은 무궁무진하여 그 끝을 알기 어렵다. 심지어 어떤 때에는 자기 자신도 본인의 마음을 알 수 없을 때가 있다. 그 까닭은 사람의 마음은 세월에 따라 수시로 변하기 때문이고, 또 어릴 때부터 쌓인 잠재된 여러 가지 마음이 복합적으로 작용하기 때문이다.

한 가지 일을 경험하지 않으면,
한 가지 지혜가 자라나지 않는다.

− 소광(疏廣)

不經一事면 不長一智니라.
불 경 일 사   부 장 일 지

한자풀이

經(경험, 경전 경) 事(일 사) 長(길, 자랄 장) 智(지혜 지)

어휘풀이

不經(불경) : 경험해 보지 못하다.

주제 엿보기

조선 초기의 문신인 강희맹(姜希孟 1424~1483)이 아들을 훈계하기 위해 지은 도자설(盜子說)이다.

도둑질을 하는 자가 일찍이 자기 아들에게 도둑 기술을 가르쳐 주었다. 얼마 후, 아들은 자기 기술이 아버지보다 훨씬 낫다고 생각했다. 도둑질을 하러 갈 때면 늘 아버지보다 앞서 들어가고 나올 때는 뒤에 나왔다. 또 가볍고 천한 것은 버리고 무겁고 귀한 것만 골라 가지고 나왔다.

그는 귀와 눈이 밝아 먼 곳에서 나는 소리도 잘 들었고, 어두운 곳에서도 먼 곳을 잘 살필 수 있었다. 그러자 다른 여러 도둑이 그의 능력을 칭찬했다. 마침내 그는 아버지에게 자기 능력을 자랑했다.

"소자가 아버지보다 기술은 조금 부족하지만 힘은 더욱 쓸 수 있습니다. 이제부터는 아무것도 두려울 것이 없습니다."

아비 도둑이 말했다.

"그렇지 않아. 지혜는 겸손한 자세로 배워야 이룰 수 있고, 또 그 지혜는 스스로 터득한 것이라야 더욱 훌륭한 경험이 되는 거야. 그런데 너는 아직까지 그런 경지에 도달하지 못했어!"

아들이 대답했다.

"도둑이야 재물을 많이 훔쳐오면 되는 것이 아닙니까? 보세요, 소자가 아버지와 함께 도둑질하러 가면 늘 아버지보다 더 많이 훔쳐오지 않습니까? 뒷날 소자가 아버지 나이가 되면 아마 보통 사람들이 도달하지 못하는 특별한 경지에 이를 겁니다."

"그렇겠지. 네가 만일 나의 경지에 도달하게 되면 군대가 아무리 삼엄하게 경계하는 군영이라도 들어갈 수 있고, 또 아무리 깊이 감추어둔 물건이라도 찾아 낼 수 있을 거야. 그러나 백 번 잘하다가도 한 번 실수하면 패가망신하는 실패가 뒤따르는 법이야. 그러니 물건을 훔치는 도중에 어쩌다가 탄로가 나 붙잡힐 지경이 되면 상황을 보아 도망쳐 나오는 기술을 스스로 체득하지 않으면 안 돼. 내가 보기에는 아직 그런 경지에 이르지 못했어."

그러나 아들은 아버지 말에 승복할 수 없었다.

어느 날 밤, 도둑 부자는 도둑질을 하러 어느 부잣집에 숨어 들어갔다. 곧이어 아들은 보물이 가득 차 있는 창고의 자물쇠를 따고 들어갔다. 아버지는 아들이 들어간 창고의 문을 잠그고 그 문을 덜커덩덜커덩 흔들었다.

그러자 곤히 잠을 자던 주인이 놀라 달려나와 도망치는 아비 도둑을 쫓았다. 그러나 붙잡을 수 없게 되자 주인은 돌아와 창고를 살펴보았다. 그는 그곳에 자물쇠가 채워져 있음을 확인하고는 안심하고 다시 방으로 들어가 잠을 잤다.

그때 창고 안에 갇혀 있던 아들 노둑이 빠져나올 궁리를 하다가 손톱으로 창고 문짝을 박박 긁으면서 '찍찍' 하고 늙은 쥐소리를 냈다. 그러자 방에 들어갔던 주인이 속으로 중얼거렸다.

"허참, 쥐가 창고에 들어가 곡식을 다 축내는구나. 가만히 앉아 있을 수 없지."

그는 초롱불을 들고 와 자물쇠를 열고 창고 안으로 들어갔다. 그때 아들 도둑이 문을 밀치고 도망쳐 나왔다. 그러자 주인은 도둑이 들었다고 소리쳤다. 집안 식구들이 모두 몰려나와 그의 뒤를 바싹 쫓아갔다. 도둑은 거의 붙잡힐 지경이 되었다. 도둑은 그 집 마당 안에 파 놓은 연못 둑을 타고 도망치다가 큰 돌 하나를 집어 물 속에 던지고는 몸을 날려 둑 밑으로 숨었다. 뒤따르던 사람은 도둑이 물 속으로 몸을 던진 줄 알고 모두 연

못만 들여다보았다. 이 틈을 타서 도둑은 거기를 빠져 나올 수 있었다. 그는 집으로 돌아와 아버지를 원망하며 말했다.

"새나 짐승도 자식을 사랑하고 보호할 줄 아는데 아버지는 어찌하여 자식이 붙잡히도록 일부러 자물쇠를 잠갔습니까?"

아버지는 대견하다는 듯 아들을 보며 말했다.

"이제부터는 네가 도둑으로서 독보적인 존재가 되었구나. 사람이 남에게 배울 수 있는 기술은 한계가 있지만 스스로 터득한 것은 무한히 응용할 수 있기 때문이지. 특히 위급한 처지를 당해 임기응변으로 위기를 모면함으로써 경험이 넓어지고 지혜가 발전하는 거야. 내가 너를 위험한 경지에 빠뜨린 것은 닥쳐올 위험을 미리 구제하려는 것이었단다."

> 주제 요약 아버지 도둑이 아들 도둑을 고의로 곤경에 처하게 하여 '어떤 일이나 학문의 길에서도 직접 지혜를 터득하도록 힘써야 한다.'고 말하고 있다.

평생에 눈살 찌푸릴 일 하지 않으면,
세상에 이를 갈 사람 하나 없으리.
큰 이름을 어찌 무딘 돌에 새기랴!
길가는 사람의 한 마디는 비석보다 나으리.

– 〈격양시(擊壤詩)〉

平生에 不作皺眉事면 世上에 應無切齒人이라.
평생　부작 추 미 사　세 상　응 무 절 치 인

大名을 豈有鑴頑石가. 路上行人이 口勝碑니라.
대 명　기 유 전 완 석　노 상 행 인　구 승 비

한자 풀이

皺(주름 추) 眉(눈썹 미) 事(일 사) 應(응할 응) 切(끊을 절)
齒(이 치) 豈(어찌 기) 鑴(새길 전) 頑(무딜 완) 石(돌 석)
路(길 로) 行(갈 행) 勝(이길 승) 碑(돌기둥 비)

어휘 풀이

皺眉(추미) : 눈살을 찌푸리다.　頑石(완석) : 무딘 돌.

　박수량은 전라도 장성 출신으로 어릴 때 김개를 스승으로 삼아 공부했으며, 23세에 과거에 급제했다. 그 후 38년 동안 관직 생활을 하였는데, 남달리 청렴결백하여 청백리의 대명사로 불리웠다. 또 그는 동료 관리의 부정 부패를 용서하지 않았는데, 심지어 친동생이 부정을 저지르자 용서해 주지 않고 끝내 관직에서 물러나게 한 일도 있었다. 그리고 중요한 벼슬자리를 두루 지냈으나 변변한 집 한 채를 갖지 아니한 관리로서, 위로는 임금과 아래로는 백성들에게까지 널리 존경을 받았다.

　그러나 한 번은 간신배의 농간으로 그가 나라 재산을 탐했다는 모략을 받은 적이 있었다. 이에 임금은 암행어사를 보내어 사실을 조사토록 했다. 이에 암행어사가 과객으로 변장하여 박수량의 집으로 찾아가서 자세히 살펴보았다. 또 그 집에서 밥을 몇 번 얻어먹었으나 반찬도 한두 가지뿐이었고, 집은 낡아서 빗물이 샌 자국도 있었다. 암행어사가 돌아와 임금에게 사실대로 아뢰었다. 그래도 간신배의 모략이 계속되자 임금은 다른 암행어사를 보내어 재조사를 해보도록 했다. 그러나 다른 암행어사도 조사를 마치고 돌아와 다음같이 말했다.

"전하! 박수량이 관직에 오른 지 38년이 지나 이제 판서 직위에까지 이르렀는데, 재산이라고는 초가 삼간뿐이었습니다."

이런 보고를 받은 임금은 그의 청렴결백한 성품에 감탄하여 그의 고향에 큰 기와집을 지어 주노록 하고, '청백당'이란 집의 이름까지 지어 주었다.

박수량이 지금의 서울시장 격인 한성 판윤을 지낸 후 세상을 떠날 때 자손들에게 이렇게 유언했다.

"내가 죽거든 고향 땅에 묻되, 무덤을 크게 만들지 말고, 비석도 세우지 마라."

그의 죽음 소식을 들은 임금은 사람을 보내어 조의를 표하도록 했는데, 문상을 다녀온 신하가 임금에게 다음과 같이 보고했다.

"전하! 박수량의 살림살이가 어려워서 고향으로 운구할 비용조차 없다고 합니다."

이에 임금은 장례에 드는 비용을 나라에서 부담하도록 하고 그의 묘에 비석을 세우도록 했다. 하지만 비문은 새기지 말도록 했다. 그 까닭은 천하의 사람들이 박수량의 청렴결백함을 알고 있기에 새삼스럽게 그의 행적을 쓸 필요가 없었기 때문이었다.

> **주제 요약** 다른 사람에게 착하게 대하고, 사회나 나라를 위해 공헌을 한 사람은 굳이 몇 마디의 글로 따로 행적을 적지 않아도 모든 사람들이 우러러보고 후세에까지 그 이름을 남긴다.

복 있다고 다 누리지 말라.
복 다하면 그 몸이 가난해지네.
권세 있다고 함부로 부리지 말라.
권세 다하면 원수를 만나게 되네.
복 있을 때 항상 스스로 아끼고,
권세 있을 때 스스로 공손하라.
인생살이 교만하고 사치하면,
시작은 좋으나 끝은 형편없다.

- 〈격양시〉

有福莫享盡하라. 福盡身貧窮이라.
유 복 막 향 진   복 진 신 빈 궁

有勢莫使盡하라. 勢盡冤相逢이니라.
유 세 막 사 진   세 진 원 상 봉

福兮常自惜하고 勢兮常自恭하라.
복 혜 상 자 석   세 혜 상 자 공

人生驕與侈면 有始多無終이니라.
인 생 교 여 치   유 시 다 무 종

享(누릴 향) 窮(궁할, 어려울 궁) 寃(원통할, 원수 원)

逢(만날 봉) 惜(아낄 석) 驕(교만할 교) 侈(사치할 치)

貧窮(빈궁) : 가난함.   相逢(상봉) : 서로 만남.

주제 엿보기

조선 중종 때, 조광조 일파를 모함하여 죽이고 남곤
과 더불어 막강한 세도를 누렸던 심정의 집에 남루한
차림의 선비가 찾아왔다. 집사가 호령하여 내쫓으려고
하는 사이 그 선비는 성큼성큼 걸어 대감의 방으로 들
어갔다. 절을 하는 둥 마는 둥 한 다음 윗목에 털썩 주
저앉더니 다짜고짜로 엉엉 울어대는 것이었다.

이 모습을 본 주인 대감은 아무 말도 없이 윗목으로
가 그 선비의 손을 붙잡고 물었다.

"대체 네가 무슨 일로 이다지도 서럽게 우느냐? 형이
새로 정승이 되었는데 무엇 때문에 우느냐?"

그 말에 선비는 대답했다.

"어젯밤 꿈 속에 아버지와 어머니께서 저를 보시고 '내가 죽을 때 네게 주려던 것을 미처 주지 못한 것이 여한이다.' 라고 말씀하셨습니다. 꿈을 깨니 너무도 생생하고 아버지, 어머니 생각이 간절하여 형님을 찾아왔습니다."

선비는 말을 마치고 엉엉 우는 것이었다. 정승도 눈물을 글썽이면서 말했다.

"도대체 무엇을 주지 못해 한이 되셨다더냐?"

"이루 다 말할 수가 없을 정도입니다. 제가 부를 것이니 형님이 적어보십시오."

"산호필통, 옥묵상, 또 봉황화류문갑, 계집종 복단이, 북바위의 논, 또 이태원의 밭 등등입니다."

"이것뿐이냐?"

"또 생각나면 다시 말씀드리겠습니다."

정승은 즉시 집사를 불러서 다락문을 열고 필통, 묵상, 문갑 등을 가져오라고 하고, 또 계집종 복단이를 불러서 말했다.

"너는 이것을 작은댁에 갖다드리고 너도 아주 그 댁에

가서 있거라."

그리고 머리맡의 문갑에서 토지 문서를 꺼내어 주며 술과 안주상을 내어다 아우를 위로했다. 그러자 아우는 먹는 둥 마는 둥 하고 바로 나가 버렸다.

이 아우가 바로 심의로, 그는 평소 형의 부도덕한 행위를 싫어하여 자주 형의 집에 들르지 아니했다. 그러나 형이 새로 정승이 된 것을 보고 한 번 속여보려고 그런 장난을 했던 것이다. 형을 속여 뺏어온 재물은 모조리 팔아서 가난한 여러 선비들을 구제했다.

원래 간사한 심정이지만 그 아우에 대한 우애가 지극했고, 그런 아우가 자주 오지 않는 것을 섭섭하게 생각하던 차에 뜻밖에 아우가 찾아와서 꿈 이야기를 하는 바람에 깜박 속아 떨어진 것이다. 아우가 돌아간 후에 비로소 속은 줄 안 심정은 며칠 후에 아우를 불렀다. 아우는 형의 의중을 눈치채고 몇 달 동안 가보지 않다가 아버지 제사 때 비로소 형을 만나게 되었다. 심정은 아우를 불러 말했다.

"나도 어젯밤 꿈에 아버지를 뵈었다."

하면서 꿈 이야기를 꺼내려고 하니, 심의는 단번에 눈

치채고 이렇게 말했다.

"어떤 말씀을 하시려는지 모르겠지만 꿈은 다 믿을 것이 못 되옵니다. 그리고 제가 지난번에 형님댁에서 가져간 물건들은 지금은 제 수중에 없습니다. 단지 종복단이만은 다시 돌려 보내드리겠습니다."

그 뒤 심정의 생일날, 조정의 문무백관이 심정의 집에 찾아와서 성대하게 잔치를 했다. 심의는 저녁 무렵에 나타나서 인사를 하고 마루에 걸터앉아 손님상에서 술을 서너 사발 마신 다음에 귀빈들과 같이 앉아 있는 형 앞으로 가서 마당에 뚫린 쥐구멍을 가리키며 말했다.

"형님, 술만 잡숫지 말고 저 구멍으로 들어가 보시오. 같이 앉아 있는 분들도 한 번 들어가 보시오."

뜻밖의 봉변을 당한 손님들은 흥이 떨어져서 뿔뿔이 흩어지게 되었다.

몇 해가 지나자 남곤 일파가 조정에서 숙청되었다. 심정도 같은 죄로 귀양가고, 가산마저 나라로 몰수되었다. 이 소식을 들은 심의는 형의 집으로 달려왔으나 모두 흩어지고 마당에는 풀만 우거졌으며 곳간문들은 어지럽게 젖혀져 있었다. 다만 쥐구멍만은 여전했다. 심의는 이 쥐구멍을 내려다보고, 대청 마룻바닥을 두들기면서 울먹이며 말했다.

"쥐구멍은 여전한데 우리 형님은 어디를 가시고 안 계시느냐!"

주제 요약 남에게 인덕을 베풀고 선행을 해도 집안을 온전히 보존하기 어려운데, 하물며 남에게 해를 끼치고 얻은 부귀공명으로 이룩한 집안은 얼마나 오래 가겠는가. 그래서 지혜로운 사람은 있을 때 더 많이 아끼고 남과 원한을 사지 않으면서 사치와 교만을 조심하는 것이다.

황금이 귀한 것이 아니라,
안락함이 훨씬 더 값진 것이다.

黃金이 未是貴요 安樂이 値錢多니라.
황금　　미시귀　　안락　　치전다

한자 풀이

黃(누를 황) 金(황금 금) 未(아닐 미) 是(이, 옳을 시)
貴(귀할 귀) 樂(즐거울 락) 値(값 치) 錢(돈 전)
多(많을 다)

어휘 풀이

値錢(치전) : 값어치.

고려 공민왕 때에 두 형제가 함께 가다가 아우가 황금 두 덩어리를 주웠다. 이에 아우는 형과 황금 한 덩어리씩 나눠 가졌다. 얼마 후 공암진이란 나루터에 이르러 함께 배를 타고 건너가는 도중에 아우가 갑자기 자신이 지닌 황금 한 덩어리를 물 속에 던져 버렸다. 형이 이상하게 생각하고 그 까닭을 아우에게 물었다. 아우는 다음과 같이 말했다.

"내가 평상시에 형을 끔찍이 사랑했는데, 오늘 황금을 나눠 가진 후로 갑자기 내 마음속에 형을 기피하는 마음이 싹트게 되었습니다. 아무래도 이 황금은 좋은 물건이 아닌 것 같습니다. 그래서 강물에 던져 버려서 그것을 잊고자 했습니다."

형이 아우의 말을 듣고는,

"너의 말이 진실로 옳은 것 같다."

형도 아우와 마찬가지로 강물에 황금을 던져 버렸다.

주제 요약 고려 최영 장군은 그의 아버지가 어렸을 때부터 늘 '황금 보기를 돌같이 여겨라.'라고 하여 항상 이 네 글자를 큰 띠에 써서 종신토록 지니고 다녔다고 한다. 이는 오늘날의 자본주의 관점에서 보면 불합리한 것 같아도 나름대로 일리가 있다. 집안에 재산에 많으면 자녀들이 큰뜻을 세워 노력하지 않을 수 있고, 또 후일 형제끼리 서로 재산 때문에 분쟁할 소지를 없애기 위함이다.

사람의 의리는 다 가난한 데서 끊어지고,
세상의 인정은 바로 돈 있는 집으로 쏠린다.

－〈왕참정사유명(王參政四留銘)〉

人義는 盡從貧處斷이요 世情은 便向有錢家니라.
인 의   진 종 빈 처 단   세 정   변 향 유 전 가

소진은 춘추 전국 시대에 가장 유명했던 유세가 중의 하나였다. 그는 동주의 낙양 사람인데, 제나라에 가서 스승을 찾아 귀곡 선생한테서 학문을 배웠다. 본국을 떠나 유학하는 수년 동안 많은 고생을 하고 돌아왔다. 이때 형제·형수·누이·아내·첩조차 모두 은근히 비웃으며 말했다.

"주나라 사람들의 풍속은 농업을 주로 하고 상공업에 진력하여 2할의 이익을 올리기에 힘쓰고 있는데, 당신이란 사람은 본업을 버리고 입이나 혀끝을 놀리는 일에만 몰두했으니 고생하는 것은 당연하지 않은가?"

소진은 이 말을 듣고 부끄럽고 한심스런 생각에 방문을 걸어 닫고 틀어박혀 책이란 책은 모두 끄집어 내어다 읽어보고 말했다.

"도대체 선비라는 자가 남에게 머리를 숙여가면서 글을 배우고도 지위가 높고 영화로울 수 없는 것이라면 아무리 많은 책을 읽은들 무슨 소용이 있단 말인가."

그러던 중 태공망이 지은 병법서인 《음부경》을 읽고 나서 남의 마음속을 알아 내는 방법을 생각해 내었다.

그리고 말했다.

"이 방법을 가지면 오늘날의 여러 왕들을 설득할 수 있다."

그리하여 먼저 진(秦)나라의 군주에게 가서 천하를 통일할 수 있는 방책을 내놓았다. 그러나 진나라에서는 그를 경멸하고 믿으려고 하지 않았다. 이에 분노한 소진은 다른 여러 나라를 찾아다니며 서로 힘을 합쳐 진나라에 대항할 수 있는 방책을 내놓았는데, 이른바 6국 합종의 맹약론이었다.

이 방책은 성공하여 소진은 맹약의 장(長)이 되어 6국의 재상을 겸임하게 되었다. 그가 여러 나라를 지날 때마다 각국의 군주들이 보내온 마차와 재물들이 산처럼 많이 쌓였고, 수행하는 행렬이 임금의 행렬과 비길 만하게 성대했다. 그가 득의양양하게 고향을 지날 때 소진의 형제 · 형수 · 처는 곁눈으로만 볼 뿐 감히 쳐다보지도 못했다. 또 다가가서는 식사하는 시중만을 들었다. 소진이 웃으면서 형수에게 말했다.

"전에는 그렇게 거만하더니 지금은 이렇게도 공손하니 무슨 까닭입니까?"

형수는 넙죽 엎드려서 얼굴을 땅에 대고 사과하며 말했다.

"도련님의 지위가 높고 재산이 많은 것을 보았기 때문입니다."

소진이 장탄식하면서 말했다.

"나는 한 사람의 동일한 몸인데 부귀하면 일가 친척도 두려워하며 공경하고, 빈천하면 가볍게 보고 업신여기니 하물며 일반 세상 사람들이야 더할 것이 없겠구나. 또 만약 내가 낙양성 부근의 비옥한 옥토 2백 묘만 가졌더라도 어찌 6국 재상이 되었겠는가?"

그리고 나서 1천금을 뿌려서 일족과 벗들에게 주었다. 처음에 소진이 고향을 떠날 때 돈 백전을 꾸어 노자로 삼았는데, 부귀해진 후 백금으로 이것을 갚았다. 그리고 이때까지 여러 가지로 은혜를 입은 사람들에게 빠짐없이 사례했다.

주제 요약 중국 속담에 '돈이면 귀신도 부릴 수 있다.'는 말이 있다. 실제로 중국에는 지금까지 집집마다 재물의 신인 '재신(財神)'을 모시고 간절히 돈 많이 벌게 해달라고 빈다. 그러니 소진이 빈천하여 세인들의 무시를 받았다가 한순간에 부귀해져 존경을 받는 것은 이상할 것이 없다. 단지 이러한 물질 만능 사상이 우리들의 인정 세태와 정신 세계까지 황폐하게 만드는 것은 막아야 할 것이다.

하늘에 올리는 제사와 사당에 제례를 올릴 때
술이 아니면 흠향하지 않고,
임금과 신하, 친구와 친구 사이에도
술이 아니면 의리를 두텁게 할 수 없으며,
다툰 후 서로 화해할 때 술이 아니면 권하지 못한다.
그런 연고로 술에는 성공과 실패가 있으니
함부로 마셔서는 안 된다.

– 《사기(史記)》

郊天禮廟는 非酒不享이요,
교 천 례 묘   비 주 불 향

君臣朋友에 非酒不義며,
군 신 붕 우   비 주 불 의

鬪爭相和는 非酒不勸이니라.
투 쟁 상 화   비 주 불 권

故로 酒有成敗니 而不可泛飮之니라.
고   주 유 성 패   이 불 가 범 음 지

한자 풀이

郊(교외 교) 禮(예도 예) 廟(사당 묘) 酒(술 주) 享(누릴 향)
鬪(싸움 투) 爭(다툴 쟁) 勸(권할 권) 泛(뜰 범) 飮(마실 음)

어휘 풀이

郊天(교천) : 하늘에 교제를 지내다. 교제란 교외에서 지
　　　　　 내는 제사로, 동지에 남쪽 교외에서 하늘에
　　　　　 제사를 지내고, 하지에는 북쪽 교외에서 땅
　　　　　 에 제사를 지낸다.
禮廟(예묘) : 사당에 제례를 올리다.
泛飮之(범음지) : 함부로 술을 마시다.

주제 엿보기

　조선 효종 때 이조판서를 지낸 남용익(南龍翼 1648~
1692)의 〈술은 소인이다〉는 《주소인설(酒小人說)》에서 일
부만 뽑은 것이다.

　아! 밥과 술은 다 곡식에서 오는 것이다. 그러나 밥은
곡식의 성질을 온전하게 보존해서 그 맛이 담담할 뿐

188 명심보감

감칠맛이 없다. 그러므로 하루에 두 끼니만 먹으면 그만이고 일생 동안 늘 먹어도 물리지 않으며, 사람으로 하여금 건강히 오래 살게 만든다. 이것이야말로 군자가 천성을 온전히 보전하여 그것으로 임금을 섬겨 서로 미워하거나 싫어함이 없이 덕을 높이고 어진 이를 높여서 나라를 이롭게 함과 같은 것이 아니겠는가.

그러나 술은 곡식의 성질을 어지럽혀 누룩으로 띄우고 술을 빚어 그것을 걸러 마시는데, 더러는 소주로 만들기까지 하면서 반드시 독한 것을 좋은 술로 여긴다. 사람마다 모두 그 맛을 좋아하여 백 잔이고 천 잔이고 밤낮을 가리지 않고 퍼마셔대어, 마침내 사람의 오장 육부를 상하게 해서 명을 재촉하고 있으니, 이것은 바로 소인이 천성을 해치고 그 잘못된 천성으로 임금을 섬기되 서로 헐뜯고 미워하며, 덕 있는 이와 어진 이를 멀리하게 해서 나라를 해롭게 하고 제 집을 망치는 것과 같은 것이 아닌가.

……나는 젊어서부터 술을 매우 좋아했다. 그러다가 근래에 와서야 비로소 술을 멀리 하나 아직도 끊지는 못하고 있는 형편이다. 그래서 이 글을 지어 내 자신을

경계하는 한편, 나라를 다스리고 가정을 가진 이들을
경계한다.

주제
요약 어떤 식자는 '술을 마시는 민족은 망하고 차를
마시는 민족은 흥한다.'라고 주장했다. 일리가
있다. 그러나 '벗과 마시는 술, 천 잔도 모자란다.' '술
한 잔에 만고의 시름이 사라진다.' 등 대인 관계를 유지
하고 응어리진 마음을 푸는데 술만한 것도 드물다. 따라
서 술은 자신의 건강에 해가 되지 않고, 남에게 실수하
지 않는 범위 내에서 마시는 것이 좋을 듯하다.

어느 하루 맑고 한가로우면
나는 바로 그 하루의 신선이다.

一日清閑이면 一日仙이니라.
일 일 청 한   일 일 선

한자 풀이

　日(날 일) 淸(깨끗할 청) 閑(한가로울 한) 仙(신선 선)

어휘 풀이

　淸閑(청한) : 깨끗하게 맑고 한가롭다.

주제 엿보기

　단 하루라도 마음의 여유를 가지고 자연을 벗삼아 자
유자적함을 느낄 수 있다면 비록 한나절이라도 신선의
경지에 오를 수 있다. 조선 시대의 문인인 이덕유(李德

懋 1741~1793)는 다음과 같이 말했다.

'모름지기 벗이 없음을 한탄하지 마라. 책과 더불어 노닐지어라. 책이 없으면 저 구름과 노을이 내 친구가 된다. 구름과 노을이 없을 때는 허공 밖으로 날아가는 갈매기에 내 마음을 실어보낼 수 있으리라. 갈매기가 없다면 마음 남쪽에 있는 홰나무를 바라보며 친할 수 있다. 원추리잎 사이에 앉아 있는 귀뚜라미도 바라보며 즐길 일이다. 무릇 내가 그것들을 아껴도 시기할 사람이 없으니 모두 나의 좋은 벗들이다.

신선이란 별다른 사람이 아니다. 마음이 담백하여 때에 얽매임이 없으면 도가 이미 원숙해지고 내 몸 안에서 금단(金丹)이 거의 이루어지는 것인데, 저 허공을 날아오르고 껍질을 벗어 신선이 된다는 것은 억지를 부리는 것이다. 만약 내가 잠깐이라도 얽매임이 없다면 이는 잠깐이나마 신선인 것이다. 반나절 동안 그러하다면 반나절 동안 신선이 된 것이다. 나는 비록 오래도록 신선이 되지 못해도 하루에 서너 번씩 신선이 되곤 한다. 그러나 저 발아래 붉은 먼지를 일으키고 바삐 다니는 자들은 일생 동안 단 한 번도 신선이 되지 못하리라.'

주제 요약 현대 사회에선 모두가 바쁘게 살아간다. 성인은 물론이고 학생들도 학교와 학원, 그리고 집에 있어도 정신적인 여유가 없다. 단 하루라도 자연을 감상하고 자유자적함의 여유를 가져보자.

남의 흉한 일을 민망하게 여기고
남의 착한 것을 즐겁게 여겨라.
남의 다급한 일을 도와 주고
남의 위태한 일을 구하여 주라.

 － 《경행록》

悶人之凶하고 樂人之善하라.
민 인 지 흉   낙 인 지 선

濟人之急하고 救人之危하라.
제 인 지 급   구 인 지 위

한자풀이

悶(민망, 번민할 민) 凶(흉할 흉) 濟(건질, 구할 제)
救(구할 구) 危(위태로울 위)

어휘풀이

人之凶(인지흉) : 남의 흉한 것.

염희도는 조선 숙종 때 사람이다. 그는 성품이 고결하고 친구를 좋아하여 남의 급한 것을 보면 몸이 부서져도 도와 주어야만 직성이 풀리는 사람이었다. 그러나 양반 출신이 아니라서 영의정 허적의 집에서 심부름꾼 역할을 하고 있었다.

비록 심부름꾼이지만 불의를 보고 참지 못하는 성격이라 당시 허적의 집에다 뇌물을 주고 아부하는 광경을 목격하면 바로 허적에게 직간을 하여 말렸다. 때문에 허적은 한편으로 미워하면서도 한편으로 기특하게 생각하고 있었다. 그래서 염희도가 보는 앞에서 일절 뇌물을 받지 않았다.

한 번은 염희도가 허적의 심부름을 하려고 가다가 길거리에서 은자 2백 냥이 담긴 보자기를 주웠다. 이 사실을 허적에게 말하니 그는,

"네가 넉넉지 못한데 그걸 가지고 요긴하게 써라!"

그랬더니 염희도가 정색을 하고 말했다.

"소인을 그다지도 얕보십니까? 저는 아무 까닭도 없이 주운 것을 갖지 않습니다. 다만 대감께 말씀드리고

싶은 것은 대감이 관직에 있으니 은의 주인을 찾아 주실 수 있을 것 같아서 드린 말씀입니다."

이에 허적은 웃으면서 말했다.

"장하다! 내가 관청에 들어가면 꼭 알아보리라."

며칠 후 허적은 염희도를 불러 말했다.

"내가 어제 관청에 수소문을 하니 병조판서가 은자 2백 냥으로 말 한 필을 광성부원군에게 팔았다고 한다. 그런데 그 집 종이 돌아오다가 그만 잃어버렸다고 한다. 한 번 병조판서의 집에 가서 사실을 확인해 보아라."

그리하여 병조판서의 집에 가니 때마침 돈을 잃어버린 종이 벌로 매맞아 죽기 일보 직전이었다. 염희도가 급히 처벌하는 것을 막고 은을 상환하고 종을 풀어 줄 것을 청했다. 병조판서가 염희도를 기특하게 여겨 은의 절반을 주려고 하니 그는 정중하게 사양했다. 염희도가 병조판서댁의 문을 나서니 종의 가족들이 기다리고 있다가 그에게 절을 했다. 그 중에 한 노파가 말했다.

"우리 아이가 얼마 전에 말 값을 잃어버려 맞아 죽을 뻔했습니다. 은공 덕분에 살았으니 이 은혜를 어떻게 갚으면 좋겠습니까?"

염희도가 말했다.

"남의 물건을 주인에게 돌려 주는 것은 사람으로서 당연한 일입니다. 마음에 두지 마십시오."

그 후, 허적의 아들이 반역죄로 걸려 허적 일가와 관련된 사람들을 모두 국법으로 엄히 다스리게 되었다. 염희도도 허적 일가의 심부름꾼이라고 붙들려 끌려가 문초를 당하게 되었다. 이 사실을 안 은을 잃어버렸던 종과 그의 가족들이 자신의 주인인 병조판서에게 알려서 염희도를 구해 달라고 통사정했고, 병조판서도 염희도의 인간성을 알고 있었기 때문에 반역에 참여하지 않았음을 조정에다 보고하고 그를 구해 주었다.

> **주제 요약** '선과 악은 뿌린 만큼 거둔다.'는 말이 있다. 특히 어려울 때 도와 주는 사람은 평생 잊지 못하는 법이다. 평소 선행을 많이 쌓아서 복 받도록 하자.

나무는 먹줄을 따르면 곧아지고,
사람은 충고를 받아들이면 성스러워진다.

– 공자

木從繩則直하고 人受諫則聖이니라.
목 종 승 즉 직   인 수 간 즉 성

한자풀이

繩(줄, 먹줄 승) 直(곧을 직) 諫(간할 간) 聖(성스러울 성)

어휘풀이

從繩(종승) : 먹줄을 따르다.
受諫(수간) : 간언을 받아들이다.

주제 엿보기

중국 제나라의 경공에게 한 필의 좋아하는 말이 있었

다. 그런데 말을 관리하는 사람이 그 말을 죽여 버리는 일이 생겼다. 왕이 그 일을 듣고 몹시 노하여 직접 창을 잡고 그 관리를 죽이려고 나섰다. 안영이 보고는 경공에게 말했다.

"전하께서 그를 죽이려고 하는데, 그는 자신의 죄도 모르고 있습니다. 죽여도 죽는 까닭을 알고 있어야 합니다. 제가 그의 죄상을 명백하게 알려 주겠습니다."

경공은 안영의 의도를 모르고 승낙했다. 안영이 창을 들고 말을 관리하는 사람에게 가서 말했다.

"너는 우리 임금의 말을 잘못 길러서 죽인 큰 죄를 지었으니 죽어 마땅하다. 하지만 우리 임금이 말 한 마리 때문에 사람 한 명을 죽였다는 일이 다른 제후국에 퍼지면 모두 어질지 못한 임금이라 지탄할 것이다. 그 죄도 역시 죽어 마땅하다."

제경공이 듣고는 곧 말했다.

"어서 그를 풀어 주시오! 나의 인덕까지 해칠 수는 없소!"

제경공의 성격은 원래 대단히 거칠고 급했다. 하루는

어떤 한 사람이 사소한 죄를 범했는데도 몹시 화가 나서 그를 죽여서 시체까지 토막을 내라고 명령하고 또 다음과 같이 말했다.

"누구라도 나에게 그를 위해 간언을 한다면 그 또한 죽이겠다."

이때 안영이 들어왔는데, 왼손은 범죄자의 머리를 잡고, 오른손은 칼을 지닌 채 말했다.

"옛날부터 성군들이 사람의 시체를 토막냈다는 말을 들어본 적이 있습니까. 누가 그 역사를 알고 있으면 나에게 일러 주십시오. 나도 그들의 법을 본받겠습니다."

경공이 듣고는 갑자기 깨달아 시체를 토막내는 형벌을 금했다.

주제 요약 인격이 높은 사람만이 남의 충고를 받아들이는 것은 아니다. 비록 자신의 성질이 급하고 고집이 세더라도 상대방의 올바른 충고를 겸손한 마음으로 받아들이면 자기 발전이 있는 것이다.

아무런 까닭 없이 천금을 얻으면
큰 복이 있는 게 아니라
반드시 큰 화가 닥칠 것이다.

– 소동파(蘇東坡)

無故而得千金이면 不有大福이라 必有大禍니라.
무 고 이 득 천 금　　　 불 유 대 복　　　 필 유 대 화

　김재찬은 조선 정조 때에 호조판서를 지냈다. 호조판서는 오늘날의 재경부 장관에 해당한다. 재직 중 어느 날 상감이 급히 찾아서 대궐로 들어가니, 조선에 온 중국 청나라의 사신이 황제의 명령으로 은 3천 냥을 마련하라는 명을 받았다. 그런데 호조에는 은 2천 5백 냥밖에 없었고 나머지는 외부의 감영에서 가져와야 하는데 사신이 준비하라는 날짜까지 준비하기가 어려웠다.

　집으로 돌아온 그는 잠도 자지 못하고 식사까지 거르면서 근심하고 있었다. 그 모습을 본 어머니가 그 사정을 물어보았다.

　"아실 일이 아닙니다."

　그 말을 들은 어머니가 정색을 하고 말했다.

　"어미가 아녀자라고 말을 하지 않는 것이냐? 살펴보니 호조에 관련된 나라의 큰일이 생긴 것 같구나. 내가 아무리 아녀자라고는 하지만 당당한 영의정의 아내로 정승의 부인이니 비록 여자일망정 나라일을 알려고 하는 것이 무슨 변괴가 된단 말이냐. 자세히 이야기를 해 보렴."

그제서야 아들이 자초지종을 말했다. 그 말을 들은 어머니는 껄껄 웃으시며,

"네가 일국의 호조판서로서 그만한 일에 침식을 폐한단 말이냐. 아무 걱정하지 말고 밥이나 먹어라."

다음 날 어머니가 아들에게 말했다.

"애야, 우리가 예전에 약현동에 살았던 집이 기억나느냐? 오늘 그 집에 찾아가서 지금 주인에게 시가보다 넉넉히 주고 다시 사도록 해라."

아들은 영문을 모르기 때문에 궁금했지만 어머니가 분부하신 말이라 거역하지 못하고 그 집을 찾아가 다시 샀다. 뒤따라온 어머니는 일꾼 대여섯 명에게 부엌 한 귀퉁이를 파게 했다. 일꾼들이 파들어가다 보니 괭이 끝에 큰 독이 있는 것을 발견했다. 어머니는 일꾼들에게 더 이상 파지 못하게 하고 아들을 불러서 말했다.

"저 독의 뚜껑을 열어보아라."

아들이 그 뚜껑을 열어보니 그 속에 은이 가득 차 있었다. 어머니는 예전에 그 집에 살았을 때 부엌을 수리하다가 우연히 발견했는데 '갑자기 졸부가 되면 상서롭지 못하다.'라고 생각하고 다시 묻어두고 다른 집으로

이사를 갔던 것이다. 그리고 20년이 지나 아들이 호조 판서라는 지위에 이르도록 그 말을 한 번도 입 밖에 내지 않았던 것이다. 그 까닭은 아들이 집에 돈이 많은 것을 알면 열심히 공부하지 않았을 것이고, 그러면 지금처럼 훌륭한 대신도 되지 못했을 것을 예측했기 때문이다.

또 어머니는 아들에게 말했다.

"이 은은 우리나라 물건이 아니라 임진왜란 때, 명나라 군인들이 군용으로 가지고 왔다가 다시 가져가지 못했던 것으로 생각된다. 지금 중국 사신이 우리나라에게 은을 요구한 것을 보니, 이 은은 다시 제 고향으로 돌아가는 것이나 마찬가지이다. 이는 하늘이 시킨 것이나 진배없다."

아들은 곧 대궐로 돌아가서 정조 임금에게 은이 준비되었다고 보고하고, 은을 마련하게 된 사정을 자세하게 설명했다. 그 말을 들은 임금은 무릎을 치며 말했다.

"장하다! 정경부인이여! 이것은 정승 부인의 처사가 아니라 곧 정승의 처사로다."

그리고 승정원에 명령을 내려서 말했다.

"지금부터 호조판서의 어머니를 정경부인으로 대우

하지 말고 부인 정승으로 예우하라. 그리고 예물을 하
사하고 호조판서의 계급을 높여 주도록 하여라."

주제
요약
누구나 집 안에 재물이 많을수록 좋을 것이라
는 생각을 가지고 있을 것이다. 그러나 경우에
따라서 많은 재물은 자녀들이 성장하는 과정에 바람직
한 영향을 주지 않을 수도 있다. 근검하고 성실한 생활
태도만이 스스로 큰 복을 얻을 수 있을 것이다.

덕이 보잘것없으면서도 지위가 높고,
지혜가 모자라면서도 도모하는 일이 크다면
화를 당하지 않을 사람이 드물다.

- 《주역(周易)》

德微而位尊하고 智小而謀大면 無禍者鮮矣니라.
덕 미 이 위 존   지 소 이 모 대   무 화 자 선 의

한자풀이

德(큰 덕) 微(작을 미) 位(자리 위) 尊(높을 존)
謀(꾀할 모)

어휘풀이

位尊(위존) : 지위가 높다.

한때 맹자에게 배운 일이 있는 분성괄이 제나라에서 벼슬을 하게 되었다. 이 소식을 들은 맹자께서 이렇게 말했다.

"분성괄은 틀림없이 살해될 것이다."

그 후 과연 분성괄이 남의 손에 살해되었다. 맹사의 예언이 적중한 것을 기이하게 여긴 나머지 문인들이 질문했다.

"선생님께서는 어떻게 그 사람이 살해될 것을 미리 아셨습니까?"

맹자께서는 문인들에게 이렇게 설명했다.

"분성괄의 사람됨이 약간의 재주는 있는데 군자가 따르는 인의의 대도를 모르고 있어 재주만 믿고 교만하게 군다. 그러니 결국 자기 몸을 죽이기에 꼭 알맞을 뿐이다."

주제 요약 군자는 인의에 따라 만사를 처리해야 하는데, 단지 약간의 재주만 믿고 날뛴다면 스스로 생명의 위험을 자초하게 된다.

좋은 땅 만경을 가지느니,
작은 재주라도 한 가지 몸에 가지고 있는 게 낫다.

– 태공

良田萬頃이 不如薄藝隨身이니라.
양 전 만 경　　불 여 박 예 수 신

  중국 송나라에 평생 동안 무명 바래는 일을 가업으로 삼고 사는 사람이 손발을 트지 않게 하는 약 기술을 조상으로부터 전수받았다. 그 이야기를 들은 한 나그네가 그를 찾아와 약 만드는 처방을 백 금에 사고 싶다고 했다.

  그래서 그는 가족을 모아 놓고 상의를 했다.

  "우리는 조상 때부터 가업인 무명 바래는 일을 해왔지만, 돈벌이래야 고작 오륙 금밖에 되지 않는다. 그런데 지금 이 약 처방을 팔면 당장 백 금이 생긴다. 팔도록 하는 것이 좋겠다."

라고 결정을 보게 되었다. 그 기술을 산 나그네는 오나라의 왕에게 가서 그 약을 군대에 쓰도록 권했다. 얼마 안 있어 오나라와 월나라 사이에 전쟁이 벌어지자, 오왕은 그를 대장으로 삼아 한겨울에 월나라 군사와 물에서 싸우게 했다. 오나라 군사들은 약 덕분에 손발이 어는 일이 없어 크게 승리를 거두었다. 왕은 그에게 땅을 봉해 주고 대부의 벼슬을 내렸다.

**주제
요약** 손발을 트지 않게 하는 약 기술은 비록 작은 기예이지만 한 사람은 대대로 먹고 살 수 있었고, 또 한 사람은 큰 공을 세우고 벼슬까지 얻을 수 있었다. 작은 기예라도 쓰기에 따라 천금보다 귀할 수 있다는 교훈을 가르쳐 주고 있다.

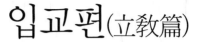

입교편(立教篇)
- 가르침을 세워라

입(立)은 '세운다.' 교(敎)는 '가르치다.' '가르침' 등을 뜻하며, 입교는 '가르침을 세워라.'란 의미를 지니고 있다. 한 개인과 가정은 물론이고 한 사회와 국가가 올바른 원칙을 세워서 가치 있게 살아갈 것을 권유하고 있다.

정치에서 중요한 것은 바로 공정함과 청렴함이요,
집안을 이루는 도리는
바로 검소함과 부지런함이다.

– 《경행록》

爲政之要는 曰公與淸이요,
위 정 지 요　　왈 공 여 청

成家之道는 曰儉與勤이니라.
성 가 지 도　　왈 검 여 근

한자 풀이

爲(할 위) 政(정사 정) 要(구할, 요체 요) 曰(말씀 왈)
公(공정할 공) 與(더불어 여) 淸(맑을, 청렴할 청)
成(이룰 성) 家(집 가) 道(길, 도리 도) 儉(검소할 검)
勤(부지런할 근)

어휘 풀이

爲政(위정) : 정치를 함.　成家(성가) : 집안을 이룸.

고려 중기에 공부상서를 지낸 함유일(咸有一 1106~1185)은 높은 벼슬자리에 있으면서도 늘 초라한 삼베옷을 입고 다녔으므로 사람들은 '베옷 정승'이라 불렀다.

17대 인종 임금 13년(1135)에 함유일은 군대에 들어가서 서경의 난리를 평정하는 데 공을 세웠다. 그래서 군인을 뽑는 일을 맡은 선군기사(選軍記事)라는 요직에 임명되었다. 이 자리는 권세는 물론이고 돈도 많이 모을 수 있기 때문에 많은 관리들이 탐내었다. 그러나 함유일은 항상 베옷과 삼신을 신고 검소하게 살면서 공평하고 청렴하게 일을 처리를 했다. 심지어 외숙부가 찾아와서 20세가 되는 외사촌 동생을 군사로 뽑아서 일하도록 해 달라는 부탁도 단호하게 거절했다.

또 청렴한 관리로 인정받아 궁중 살림을 맡아보는 내시로 승진했다. 이때도 전과 마찬가지로 나라를 위해 공평무사하게 일처리를 함은 물론이고 개인을 위한 사사로운 축재는 조금도 관심이 없었다.

한 번은 임금이 여러 신하들을 거느리고 장원정이라

는 곳으로 봄놀이를 갔을 때의 일이다. 이때 임금은 수행한 신하들에게 활쏘기 시합을 벌여서 가장 활을 잘 쏘는 신하에게 금과 비단을 상으로 내렸는데 함유일이 1등을 했다. 그는 받은 상을 모두 군인들의 식당에 쓰는 낡고 부족한 그릇 등을 사는 데 썼다.

이처럼 함유일이 오직 나라일만을 위하고 개인이나 집안 살림을 걱정하지 않으니 그의 아내가 근심스럽게 물었다.

"이제 우리 집안에도 아이가 여럿인데, 그 애들의 앞날을 위해서 벼슬자리에 있을 때 재산을 조금이라도 더 모아야 하지 않겠습니까?"

함유일은 단호하게 대답했다.

"부인! 나는 어려서 아버지를 여의고 외롭게 자라면서, 바르고 부지런하게 천명을 따라 살았소. 그런데도 오늘과 같이 자리를 차지했다오. 우리 아이들도 마땅히 검소하고 부지런하게 살면서 천명에 따라 살아가면 아무 문제가 없을 것이오. 가난은 걱정할 것이 못 되오."

그는 검소와 부지런함을 지니고 있으면 가난은 결코 부끄러워하거나 걱정할 일이 아니고, 또 잘살고 못사는 것은 천명에 맡겨야 한다고 생각했다.

　함유일은 70세가 넘어 벼슬자리에서 물러나와 80세 무렵 세상을 떠났다. 정3품의 높은 벼슬자리에 올랐는 데도 한 번도 사치스런 비단옷을 입은 적이 없었고 삼 베옷을 입었고 일상 생활에서도 지극히 검소하게 살았 다. 때문에 고려에서 보기 드문 청렴한 관리로 인정받 았고, 후세에 훌륭한 이름을 전하게 되었다.

주제 요약 요즈음 언론지상에서 일부 공직자들의 부정 부 패와 부자들의 사치스런 행각이 자주 사회적인 문제로 거론된다. 물론 과거에도 그런 공직자와 부자들 이 없었던 것은 아니다. 하지만 부정 부패한 공직자와 사치스런 행각은 자신은 물론이고 집안과 그 사회, 더 나아가서 나라를 망하게 하는 지름길이다. 마땅히 경계 하고 또 경계하여 건강한 집안과 사회, 나라를 만들어야 한다.

일생의 계획은 어릴 때에 달려 있고,
일 년의 계획은 봄에 달려 있으며,
하루의 계획은 새벽에 달려 있다.
어릴 때 공부하지 않으면 늙어서 아는 것이 없고
봄에 밭을 갈지 않으면 가을에 거둘 것이 없으며
새벽에 일어나지 않으면
그날에 할 일을 하지 못한다.

― 〈공자 삼계도(三計圖)〉

一生之計는 在於幼하고 一年之計는 在於春하며
일 생 지 계   재 어 유   일 년 지 계   재 어 춘

一日之計는 在於寅이니라.
일 일 지 계   재 어 인

幼而不學이면 老無所知요
유 이 불 학   노 무 소 지

春若不耕이면 秋無所望이며
춘 약 불 경   추 무 소 망

寅若不起면 日無所辦이니라.
인 약 불 기   일 무 소 판

한자풀이

計(꾀 계) 幼(어릴 유) 春(봄 춘) 寅(인시 인) 耕(밭갈 경)
辦(힘쓸 판)

어휘풀이

在於寅(재어인) : 새벽에 달려 있다. 인(寅)은 인시(寅時)로
　　　　　　　새벽 3시부터 5시를 말하고, 흔히 새벽
　　　　　　　으로 통칭하기도 한다.

주제 엿보기

중국 송나라의 대학자 주자는 젊은이들에게 다음과
같은 권학시를 남겼다.

오늘 배우지 않고서 내일이 있다고 말하지 마라
올해 배우지 않고서 내년이 있다고 말하지 마라
해와 달은 지나가고 세월은 나를 위해 늦추지 않으니
아아 늙었구나! 누구의 허물인가!

소년은 늙기 쉽고 학문은 성취하기 어렵네

짧은 한순간도 가벼이 여기지 마라
연못가의 봄풀은 아직도 꿈을 꾸는데
어느덧 섬돌 앞 오동나무 가을을 알리네

주제
요약
시간은 황금보다 소중한 것이다. 아무리 돈이 많더라도 시간을 살 수 없기 때문이다. 특히 젊어서 시간을 어떻게 보내느냐에 따라 남은 인생의 행복과 불행이 결정된다. 마땅히 노력하여 훗날 후회 없는 삶이었다고 자부해야 한다.

벼슬살이 할 때는 공평함만한 것이 없고,
재물을 대할 때는 청렴함만한 것이 없다.

－충자(忠子)

治官엔 莫若平이요 臨財엔 莫若廉이니라.
치 관　　막 약 평　　　임 재　　막 약 렴

한자 풀이

平(평평할, 공평할 평) 廉(청렴할 렴)

어휘 풀이

臨財(임재) : 재물을 대하다, 임하다.

주제 엿보기

홍기섭이 젊었을 때 찢어지게 가난했다. 하루는 이른
아침에 어린 계집종이 기뻐서 어쩔 줄 모르며 돈 일곱

냥을 바치며 말했다.

"이 돈이 솥 안에 있었습니다. 이 돈이면 쌀 몇 가마나 땔나무 몇 바리를 살 수 있습니다. 분명히 하늘이 내려 주신 겁니다."

공도 놀라서,

"이게 도대체 어디서 난 돈인가?"

하면서 대문 앞에 '돈 잃은 사람은 찾아가시오.' 라고 써서 붙이고 주인을 기다렸다. 얼마 후에 유씨라는 사람이 찾아와서 대문에 글을 써 붙인 까닭을 물었다. 이에 공이 자세히 사정을 말해 주었다.

유씨가 말했다.

"남의 집 솥 안에 돈을 잃어버렸다는 것은 말이 안 됩니다. 참으로 하늘이 내려 주신 것 같은데, 왜 그것을 갖지 않으십니까?"

공이 말했다.

"내 것이 아닌데 어떻게 갖겠습니까?"

이에 유씨가 꿇어 엎드리며 말했다.

"기실은 소인이 어젯밤에 솥을 훔치러 들어왔습니다. 그런데 공의 집안 살림살이가 너무도 없고 마음이 안

되어 솥 안에 돈을 놓고 돌아갔습니다. 지금 저는 공의 청렴하심에 감동하여 제 양심도 움직입니다. 다시는 도둑질을 하지 않겠습니다. 그리고 항상 곁에서 모시고 싶습니다. 그러니 제발 이 돈은 받아두십시오."

그러자 공이 돈을 되돌려 주면서 말하기를,

"당신이 착한 사람이 된 건 기뻐할 일이지만 이 돈은 도저히 받을 수 없습니다."

라며 끝끝내 사양했다.

공이 나중에 대성하여 판서가 되었고 그의 아들 재룡도 헌종의 장인이 되었다. 유씨도 신임을 얻었고 그 집안도 크게 번창했다.

주제
요약 재물에 대한 욕심을 버리면 공평해질 수 있다. 공평해지면 남들의 신뢰를 얻을 수 있고, 신뢰를 얻어야 큰일을 맡길 수 있는 법이다.

치정편(治政篇)

- 정치를 잘하라

    치(治)는 '다스린다.' 정(政)은 '정사(政事)', '정치', '바로잡는다.' 등을 뜻하며, 치정은 '정사를 잘 다스린다.'란 의미를 지니고 있다. 정사를 다스리는 관리들의 마음가짐에 대해 논한 것인데, 특히 공평, 청렴, 근신, 근면 등 공무원이 갖추어야 할 기본적인 미덕을 강조하고 있다. 현재 우리 공무원 사회에도 귀감이 될 만한 글들이 많이 실려 있다.

위에는 지휘하는 임금이 있고,
중간에는 전달하는 관리가 있으며,
아래에는 따르는 백성이 있다.
백성들이 바친 비단으로 옷을 지어 입고,
창고에 쌓인 곡식을 먹으니,
너희들의 녹봉은 모두 백성들의 기름이니라.
백성들은 학대하기가 쉽지만
푸른 하늘은 속이기 어렵다.

– 당태종

上有麾之하고 中有乘之하며 下有附之라.
상 유 휘 지　　　중 유 승 지　　　하 유 부 지

幣帛衣之요 倉廩食之하니
폐 백 의 지　 창 름 식 지

爾俸爾祿이 民膏民脂니라.
이 봉 이 록　　 민 고 민 지

下民은 易虐이어니와 上蒼은 難欺니라.
하 민　 이 학　　　　　상 창　 난 기

麾(지휘할 휘) 乘(탈 승) 附(기댈, 따를 부) 幣(비단 폐)

帛(비단 백) 倉(곳집 창) 廩(곳집, 쌓을 름) 爾(너 이)

俸(녹 봉) 膏(살찔 고) 脂(기름 지) 虐(사나울 학)

幣帛(폐백) : 비단.   倉廩(창름) : 창고.

易虐(이학) : 학대하기 쉽다.

難欺(난기) : 속이기 어렵다.

주제 엿보기

김수팽은 조선 영조 때의 문신이다. 그는 나라의 재정을 맡아보는 호조의 관리로 있었다. 그의 성품은 재물에 욕심이 없고, 자기보다 높은 지위에 있는 사람이라도 나라의 일을 착실히 안 보거나 잘못 처리할 때는 참지 못하는 성격이었다.

어느 날 그가 결재 서류를 들고 재상집으로 가니, 재상이 손님과 바둑을 두고 있었다. 한참 기다렸으나 끝날 기미가 보이지 않았다. 참다못한 그는 바둑판을 손으로 휘저어 버리고 뜰 아래로 내려와 엎드리며 말했다.

"지금 소인은 대감에게 큰 실례를 했습니다. 그러나 나라의 일은 늦출 수가 없습니다. 저의 행동이 그릇되었다면 저 대신 다른 사람을 쓰시길 바랍니다."

그러자 재상이 꾸짖지 않고 결재해 주면서 말했다.

"결재가 늦은 것은 나의 잘못일세. 그러나 자네도 바둑을 두어보면 알겠지만 한 번 시작하면 손 떼기가 쉽지 않네."

다른 날, 숙직을 하고 있는데 내시가 와서 어명이라고 10만 냥을 지출해 달라고 독촉했다. 김수팽은 바로 지출하지 않고 이렇게 말했다.

"나는 너의 말만 믿고 돈을 내어 줄 수 없다. 나라의 재정을 맡은 호조판서의 결재를 받은 후에 지출할 것이니 기다려라."

그러고는 판서의 집으로 달려가서 결재를 받고 지출했는데, 이때가 이른 새벽이었다. 그는 나랏돈을 이만큼 소중하게 여기었다.

또 다른 날에 호조판서가 호조의 창고 속에서 은덩이 몇 개를 꺼내면서,

"나의 외동딸에게 패물을 만들어 주어야겠다."
라며 가져가려고 하자, 김수팽이 판서보다 더 많은 은덩이를 집어들고 말했다.

"소인은 딸이 다섯이니 대감보다 은덩이가 더 필요합니다."

이 모습을 본 판서는 기가 막혀 집었던 은덩이를 도로 내려놓고 말았다. 김수팽도 은덩이를 내려놓고 창고를 자물쇠로 잠가 버렸다. 아랫사람으로 윗사람의 부정을 경계했으니 그의 청렴결백한 성품을 짐작할 수 있다.

주제
요약
백성이 없으면 나라와 관리도 없다. 따라서 임금과 관리는 사리 사욕을 채우기보다 백성을 위해 최선을 다해야 한다. 백성은 어리석은 것 같으나 속일 수 없으며, 천하나 이길 수 없는 존재임을 명심해야 한다. 백성들의 마음을 잃으면 임금도 필부가 된다. 그런 까닭에 백성을 하늘처럼 섬겨야 한다.

임금을 부모 섬기듯 하고, 상관을 형님 섬기듯 하며,
동료를 내 가족처럼 대하고,
부하들을 내 집 하인같이 대하며,
백성을 내 처자식처럼 사랑하고,
관청일을 내 집안일처럼 처리해야 한다.
그런 후에야 내 온 마음을 다했다고 할 수 있으니,
만약 털끝만큼이라도 다다르지 못한 점이 있다면
모두가 내 마음에 아직 극진하지 못한 바가
있기 때문이다.

– 〈동몽훈(童蒙訓)〉

事君을 如事親하고 事官長을 如事兄하며
사군 　　여사친　　　사관장　　여사형

與同僚를 如家人하고 待群吏를 如奴僕하며
여동료　　여가인　　　대군리　　여노복

愛百姓을 如妻子하고 處官事를 如家事然後에야
애백성　　여처자　　　처관사　　여가사연후

能盡吾之心이니 如有毫末不至면
능진오지심　　　여유호말부지

皆吾心에 有所未盡也니라.
개오심　　유소미진야

僚(동료 료) 盡(다할 진) 毫(터럭 호) 皆(모두 개)

어휘풀이

群吏(군리) : 여러 아전. 奴僕(노복) : 종, 하인.
毫末(호말) : 털끝만큼.

주제 엿보기

손변은 고려 고종 때 경상도 안찰부사가 되었다. 그
백성들 중에 송사를 벌려 서로 다투는 남매가 있었다.
남동생은 다음과 같이 주장했다.

"우리 남매는 이미 한 핏줄을 타고난 동기인데, 어찌
하여 누님만 유독 부모님의 전 재산을 독차지하고 동생
에게는 그 몫이 없습니까?"

이에 대해 누이는 반론하여 말했다.

"아버지께서 돌아가실 때에 집안의 모든 재산을 통틀
어 나에게 물려 주셨다. 네가 받은 것은 다만 검은 옷
한 벌, 검은 갓 한 개, 미투리 한 켤레, 그리고 종이 한

권뿐이다. 유언장이 갖추어져 있으니 어찌 어길 수 있겠는가?"

이리하여 유산 문제를 놓고 송사한 지 여러 해가 지났건만, 그때까지 해결하지 못한 사건으로 남아 있었다. 이에 손변이 그들 두 사람을 불러 앞으로 나오게 하고 물었다.

"너희들의 아버지가 죽을 때 어머니는 어디에 있었는가?"

"어머니는 먼저 죽었습니다."

"너희들은 아버지가 죽을 때 나이가 각각 몇 살이었는가?"

"누이는 이미 시집을 갔고, 동생은 한창 코흘리개였습니다."

이 말을 듣고 나서 손변은 다음과 같이 그 남매들을 타일러 말했다.

"부모의 마음은 어느 자식에게나 다 똑같은 법이다. 어찌 장성하여 출가한 딸에게는 후하고 어미 없는 코흘리개에게는 박하겠는가? 다만 이 경우에는 동생이 의지할 데란 누이뿐인데, 만약 어린아이에게 재산을 누이와 균등하게 나누어 준다면 동생에 대한 누이의 사랑이나 양육이 혹 지극하지 못할까 봐 그게 염려될 따름이다. 그러나 아이가 이미 다 자라서는 이 종이를 가지고 고소장을 써서 검은 옷과 검은 갓을 외출복으로 착용한 채 미투리를 꿰어 신고 관가에 고소하면 언젠가는 이 사건을 잘 판별하여 줄 관원이 나올 터이니, 너희 아버지가 오직 이 네 가지 물건만을 동생에게 남겨 준 것은 그 의도가 대개 이와 같았을 것이다."

누이와 남동생은 이 말을 듣고는 느끼고 깨달아 서로 부여잡고 울었으며, 손변은 마침내 그 재산을 반분하여 그들 남매에게 나누어 주었다.

주제 요약 정치에서 가장 중요한 일을 자기의 심신을 닦고 집안을 다스리는 일인 '수신제가'에 비유한 것이다. 그 중에 핵심은 백성을 처자식처럼 사랑으로 대해야 한다는 것이다.

도끼에 맞아 죽더라도 바르게 간하고
가마솥에 넣어 삶아 죽더라도 옳은 말을 다하면
이 사람이 바로 충신이다.

― 포박자(抱朴子)

迎斧鉞而正諫하며 據鼎鑊而盡言이면
영 부 월 이 정 간   거 정 확 이 진 언

此謂忠臣也니라.
차 위 충 신 야

한자풀이

迎(맞이할 영) 斧(도끼 부) 鉞(도끼 월) 正(바를 정)
諫(간할 간) 據(의거할 거) 鼎(솥 정) 鑊(가마 확)
盡(다할 진) 言(말씀 언) 此(이 차) 謂(이를 위)

어휘풀이

斧鉞(부월) : 도끼. 鼎鑊(정확) : 가마솥.

고려 후기의 충신인 우탁(禹倬 1263~1342)의 호는 역동(易東)이다. 역동이란 칭호를 얻게 된 데는 흥미로운 전설이 있다.

우탁은 고려 후기의 충신이다. 중국 원나라에 들어갔을 때 여러 서적을 섭렵하다가 사서 삼경의 하나인 《주역》을 보게 되었는데, 그 책을 고려에 가지고 오고 싶었으나 당시 중국의 법이 엄하여 책을 가져올 방법이 없었기 때문에 할 수 없이 그 책을 읽고 모두 외워서 돌아왔다고 한다. 그리하여 주역을 해동(海東, 우리나라)에 전했다는 의미에서 역동이란 호를 지니고 있다.

그가 처음 영해군 사록(司錄)이란 벼슬을 할 때, 그 고을에는 팔령(八鈴)이라는 요사스런 신을 제사 지내는 사당이 있었다. 현지 백성들은 그 미신에 현혹되어 많은 재물을 바치는 등 폐해가 컸다. 우탁이 부임하자 즉각 요사스런 사당을 없애버리고 바다에 던져버리니 마침내 고을에 미신이 없어졌다.

고려 26대 임금 충선왕 즉위 초, 우탁은 '감찰규정'에 재직하고 있었다. 당시 충선왕이 부왕의 총애를 받던 숙창원비와 남몰래 눈이 맞아 불륜 관계를 맺고 있었다. 이에 우탁이 소복 입고 도끼와 짚방석을 메고 궁궐로 들어가 임금과 숙창원비의 잘못을 간하는 상소문을 올렸다. 측근 신하는 상소문을 펼쳐들고 감히 읽지를 못했다. 그때 우탁이 큰 소리를 질러 꾸짖었다.

"그대는 가까이서 임금을 모시고 있으면서 임금의 잘못을 바로잡지 못하고 있으니 이와 같은 추악한 일이 생겼다. 그대는 자신이 얼마나 큰 죄를 저질렀는지 아는가?"

좌우에 있던 신하들이 모두 놀라 떨었고, 왕도 부끄러운 기색이 있었다. 우탁이 소복을 입고 도끼를 들고 상소문을 올린 까닭은 '내 말이 틀리다면 도끼로 내 머리를 쳐 죽여달라.'는 비장한 뜻이니, 다른 신하와 왕도 숙연하게 느꼈다.

그 후, 우탁은 벼슬에서 물러나 예안현에서 여생을 보냈다. 충선왕은 우탁의 충의를 가상히 여겨 다시 여러 차례 불렀으나 그는 학문에만 정진했다.

주제 요약 도끼를 들고 올리는 상소를 '지부상소(持斧上疏)'라고 한다. 우리나라에는 우탁의 경우처럼 목숨을 아끼지 않고 간을 올리는 선비가 많았는데, 1591년 도요토미 히데요시가 겐소 등을 사신으로 보내 명나라를 치기 위해 길을 빌릴 것을 요청해 오자 당시 충신이었던 조헌은 선조에게 지부상소를 통해 일본 사신의 목을 벨 것을 요구하며 대궐 밖에서 사흘간 버티었다.

또 최익현 선생도 1876년 병자수호조약에 반대해 지부상소를 올렸다가 흑산도로 유배를 당하면서도 계속 상소를 멈추지 않았다. 양약은 입에 쓰고 충신의 말은 귀에 거슬리나 몸과 나라에 좋은 법이다.

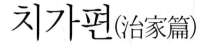

치가편(治家篇)
- 집안을 잘 다스려라

　치(治)는 '다스린다.' 가(家)는 '집'을 뜻하며, 치가는 '집을 다스린다.'란 의미를 지니고 있다. 집안을 다스리는 법에 대한 글들이 구체적으로 실려 있다. 즉, 부모를 어떻게 섬기고 손님 접대나 아랫사람을 부리는 법 등등이다. 오늘날에도 크게 도움이 될 가정 윤리이다.

무릇 손아랫사람들은
큰일이든 작은 일이든 제멋대로 하지 말고,
반드시 집안 어른께 여쭤보고 해야 한다.

– 사마온공

凡諸卑幼는 事無大小를 毋得專行하고
범 제 비 유　　 사 무 대 소　 무 득 전 행

必咨稟於家長이니라.
필 자 품 어 가 장

한자풀이

凡(무릇 범) 諸(모두 제) 卑(낮을 비) 幼(어릴 유) 事(일 사)
毋(말 무) 專(오로지 전) 行(행할 행) 咨(물을 자)
稟(줄, 받을 품)

어휘풀이

卑幼(비유) : 손아래의 어린 사람.
咨稟(자품) : 윗사람께 여쭈어 보다.

증자가 아버지 증석을 봉양할 때에는 반드시 술과 고기를 차려 내놓았다. 또 상을 물리려고 할 때에는 반드시 남긴 음식이 있으면 누구에게 줄 것을 물어보았고, 또 '여유분이 있냐?'고 물으면 반드시 '있습니다.'고 대답했다.

증석이 죽고 증자의 아들인 증원이 아버지를 공양하게 되었다. 이때 증원은 증자가 아버지를 공양할 때처럼 반드시 술과 고기 반찬을 차려 내놓았다. 그러나 상을 물릴 적에 남긴 음식을 누구에게 줄 것인지를 물어보지 않았고, '여유분이 있냐?'고 물어보면 '없습니다.'고 대답했다. 남은 음식을 다시 차려 주기 위함이었다.

이것이 이른바 입과 몸만으로 윗사람을 봉양하는 것이다. 증자 같으신 분은 어버이의 마음을 봉양했다고 할 수 있다. 어버이를 섬기는 데는 증자같이 하여야 한다.

주제 요약 옛 사람들은 집안에서 가장 어른에게 먼저 좋은 음식을 올린다. 그러면 어른이 이 음식을 다 먹지 아니하고 남겨서 자신이 생각해 둔 집안의 아랫사람에 주는 풍속이 있었다. 때문에 남긴 음식을 누구에게 줄 것인가를 물어본 것이다. 또 항상 여유분이 있냐고 물어서 다른 아랫사람들도 다같이 먹을 수 있는가를 물어보았다. 그때 여유분이 있으면 안심하고, 없으면 자신만이 좋은 음식을 먹었다는 점에서 마음이 불편해지게 되는 것이다. 따라서 증자와 같이 항상 윗사람의 마음을 살피고 사소한 것까지 물어보는 것이다.

손님 접대는 풍성히 하지 않을 수 없고,
살림살이는 검소하게 하지 않을 수 없다.

待客은 不得不豊이요 治家는 不得不儉이니라.
대 객   부 득 불 풍   치 가   부 득 불 검

한자 풀이

待(기다릴, 접대 접) 客(손님 객) 豊(풍성할 풍)
治(다스릴 치) 家(집 가) 儉(검소할 검)

어휘 풀이

不得不(부득불) : ~하지 않을 수 없다.

주제 엿보기

송흠은 조선 중종 때의 문신이었다. 그는 청렴하고
검소하여 당시 사람들의 존경을 받았는데, 흔히 '삼마

태수(三馬太守)'라고도 불렸다. '삼마태수'라는 별명은 그가 지방관으로 부임할 때마다 언제나 말 세 마리만 이용했기 때문에 붙여진 것이다. 즉, 자신이 타는 말 한 필, 어머니와 아내가 타고 가는 말 각각 한 필이었다.

보통 새 수령이 부임하게 되면 그 지방민들이 경비를 많이 들여 수십 필의 말을 동원하여 사치스럽게 부임 행차를 하는데, 송흠은 말 세 필로 간소하게 부임하여 백성들이 삼마태수라고 불렀던 것이다.

송흠은 평소 재산에 마음을 두지 아니하고 늘 청렴한 공직 생활을 하고 백성을 위해 성실히 임무를 처리했다. 그는 언제나 백성의 편이 되어 그들의 고통을 덜어 주려고 애썼다. 흉년이 들면 조정의 독촉에도 불구하고 세금을 감면해 주고, 백성이 있어야 나라가 있는 법이라고 주장했다.

송흠이 전라도 여산 군수가 되었을 때의 일이다. 그 곳은 상경하는 관원이나 지방관이 부임할 때 거치고, 백성들의 왕래도 잦은 교통상의 요지였다. 그렇기 때문에 찾아오는 손님이 많았다. 손님이 오는 것은 기쁜 일이나 마땅히 접대할 장소나 음식이 마땅치 않았으며 공무를 집행하는 데에 시간 낭비가 많았다. 또 접대비도 만만치 않았다. 이에 송흠은 집에서 직접 '호산주'란 술을 담가서 정성껏 대접하니 손님마다 매우 흐뭇하게 생각했다. 이처럼 송흠은 관청의 돈을 쓰지 않고 스스로 손님을 접대하니, 부하들은 물론 현지 백성들에게 더욱 칭송을 받게 되었다.

그러자 수탈을 일삼는 다른 수령들의 시기를 불러일으켜서 비난을 받기도 했다. 그러나 송흠은 이에 아랑곳하지 않고 청렴과 검소를 신조로 삼아 생활하여 청백리로 선출되었다.

주제요약 과거 우리 선조들은 지나가는 과객에게도 식사를 했는가 물어보고 식전이면 기꺼이 밥상을 내주곤 했다. 비록 당시에는 숙박과 식당 등의 편의 시설들이 절대적으로 부족했던 탓도 있었지만 사람마다 따뜻한 인정을 지니고 있었기 때문이다. 손님 대접을 정성껏 하고 살림살이를 검소하게 하는 것은 인정이 넘치고 집안을 일으키는 비결이다.

무릇 하인을 부릴 때
먼저 그들이 배고프고 춥지 않은지 염려하라.

凡使奴僕에 先念飢寒하라.
범 사 노 복   선 념 기 한

凡(무릇 범) 使(부릴 사) 奴(종 노) 僕(종 복) 先(먼저 선)
念(생각 념) 飢(주릴 기) 寒(추울 한)

飢寒(기한) : 굶주림과 추위.

주제 엿보기

　세상에 어떤 사람들은 자기보다 젊거나 신분이 낮은
자를 만나면 몰상식하게 함부로 대하거나 무시하는 언
행을 일삼는 사람이 있다. 이는 교만스럽고 인정머리가

없는 소인배라고 할 수 있다.

조선의 정조대왕은 일찍이 미천한 마부를 대할 때도 이놈 저놈이라고 부른 적이 없었고, 신하들과 말할 때에도 그 신하의 부모와 형의 이름을 함부로 부르지 않았다고 한다. 이는 신중하고 남을 배려할 줄 아는 마음에서 비롯된 것이다.

명나라의 진사였던 당일암은 어느 날 여러 벗들과 만나 밤에 이야기하다가 자려고 할 때 이렇게 물었다.

"지금 우리들이 해야 할 일이 있는가 없는가?"

여러 벗들이 없다고 하자, 일암은 다음과 같이 말했다.

"밤은 차가운데 우리들은 매우 즐겁게 술을 마셨지만, 따라온 종들은 아직도 잘 곳을 마련하지 못했는데, 어찌 할 일이 없단 말인가?"

일암의 말에 여러 선비들은 남을 배려할 줄 몰랐던 자신들의 행동을 반성하고 각기 데리고 온 종들의 거처를 마련해 주었다.

역시 명나라 때 장원급제한 노탁도 한 번은 먼 길을 가다가 눈비를 만났다. 밤에 여관에서 쉬는데, 어린 마부가 추위에 시달리는 것을 가엾게 여겨 곧 그를 자신의 이불 속에 들어와 자게 하고 이렇게 시를 지었다.

반쯤 해진 푸른 적삼을 입은 어린 마부
비록 말을 모는 신세가 되었지만
부모의 입장에서 보면 다 똑같은 자식인데
여염집 사람과 좀 다르다고 뭐 대단하랴
세상의 일은 정에 매인 거라 모두 가소로우나
내 아이 생각하는 마음으로 은혜 베풀기 어렵지 않네
내일 진흙길이라 다시 힘을 써야 하니
너그럽게 대함을 부질없이 의심치 말라

주제 요약 윗사람으로서 아랫사람을 함부로 부리는 사람들은 아랫사람에게도 존경받지 못하는 소인배이다. 정조대왕과 두 선비처럼 남의 윗사람된 자가 아랫사람을 생각하고 은혜를 베푼다면 남에게도 존경받고, 인정이 넘치는 살기 좋은 사회가 될 것이다.

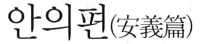

안의편(安義篇)

- 의리 있게 살아라

안(安)은 '안주하다.' '편안하다.' 의(義)는 '의리'를 뜻하며, 안의는 '의리를 편안하게 여기다.' 란 의미를 지니고 있다. 의리를 잘 지키며 살아갈 것을 권유하고 있는데, 특히 가족간에 지켜야 할 의리와 친구간에 지켜야 할 의리에 대해서 기술하고 있다.

형제는 손발과 같고, 부부는 의복과 같으니
옷은 떨어지면 다시 새것을 얻을 수 있지만
손과 발이 끊어지면 다시 잇기 어렵다.

– 장자

兄弟爲手足이요 夫婦爲衣服이니
형 제 위 수 족　　　부 부 위 의 복

衣服破時엔 更得新이나
의 복 파 시　　　갱 득 신

手足斷處엔 難可續이니라.
수 족 단 처　　　난 가 속

한자 풀이

兄(형 형) 弟(아우 제) 爲(할, 될 위) 手(손 수) 足(발 족)

夫(지아비 부) 婦(아내 부) 衣(옷 의) 服(옷 복)

破(깨뜨릴 파) 時(때 시) 更(다시 갱) 得(얻을 득)

新(새로울 신) 斷(끊을 단) 處(살, 둘 처) 難(어려울 난)

續(이을 속)

手足(수족) : 손과 발.

주제 엿보기

　중국 삼국 시대 촉나라의 유비는 전쟁에서 절체절명의 어려운 순간이 닥칠 때마다 처자식을 버렸다. 한두 번도 아니고 무려 네 번이나 반복하여 버렸는데, 처음과 두 번째는 여포에게 처자식이 사로잡혔고, 세 번째와 네 번째는 조조에게 억류되었다. 그 중에서 네 번째 처자식을 버렸을 때에는 다행히 조운이 되돌아가 장판파에서 종횡무진의 혈투를 벌이며 감 부인을 보호하고 아두를 구출해 냈다.

　당시 조운의 목숨을 건 이 사건으로 유비는 화가 머리끝까지 나 자신의 아들인 아두 때문에 명장 조운이 죽을 뻔했다고 피붙이 아이를 던져버린 일화는 잘 알려져 있다. 또 그 전에 두 부인이 조조에 잡혔을 때는 관우가 다섯 관문을 지나며 여섯 장수의 목을 베고 두 부인을 데리고 돌아온 일도 삼국지에 잘 묘사되어 있다.

그리고 처자식이 여포에게 잡혔을 때는 장비가 자신의 책임이 크다고 자책하여 죽음으로써 사죄하려고 하자, 유비는 '형제는 수족과 같고, 처자식은 옷과 같다.'는 말로 처자식의 존재보다 형제의 가치를 중요시했다.

주제
요약
봉건적인 남성 위주의 사회에서 처보다 형제를 중시하는 경향이 있었다. 이는 결코 바람직한 현상은 아니다. 왜냐하면 부부 관계가 없으면 부모 자식과 형제 관계도 성립되지 않기 때문이다. 하지만 근래 부모의 유산 상속 때 자신과 처자식만을 위하여 형제들끼리 서로 다투는 일을 종종 볼 수 있는데, 이 역시 바람직한 현상이 아니다. 마땅히 처자식과 형제들 모두 중시하는 가치관을 가지고 있어야 한다.

부유하다고 친하려 하지 않고
가난뱅이라고 멀리하지 않아야
이가 바로 인간 세상에 대장부요,
부자라서 찾아가고 가난뱅이라서 떠나가면
이가 바로 인간 세상에 진짜 소인배라네.

– 소동파

富不親兮貧不疎는　此是人間大丈夫요
부 불 친 혜 빈 불 소　　차 시 인 간 대 장 부
富則進兮貧則退는　此是人間眞小輩니라.
부 즉 진 혜 빈 즉 퇴　　차 시 인 간 진 소 배

한자풀이

兮(어조사 혜) 疎(멀리할 소) 此(이 차) 是(옳을 시)
進(나아갈 진) 退(떠나갈 퇴) 眞(참 진) 輩(무리 배)

어휘풀이

人間(인간) : 인간 세상.　小輩(소배) : 소인배.

중국 제나라의 명재상 안영은 충신이자 학식이 높은 사람으로 알려졌다. 그런데 그도 이따금씩 사람을 제대로 알아보지 못해 개탄한 적이 있었다.

즉, 제나라에 북곽소라는 사람이 짐승을 포획하는 그물을 엮거나 짚신을 삼는 일로 모친을 봉양하고 살았는데, 생계 유지가 어려워서 안영의 집을 방문하여 이렇게 말했다.

"저는 평소에 선생의 인의(仁義)를 사모하고 있었습니다. 그래서 염치 불구하고 찾아왔는데, 노모를 부양하기 위해서 약간의 양식을 구걸하고자 합니다."

이에 안영은 창고에서 약간의 돈과 재물, 또 양식을 꺼내서 북곽소에게 나눠 주었다. 그러나 북곽소는 돈과 재물은 거절하고 당장 먹을 양식만 얻어 가지고 돌아왔다.

한동안 시간이 흐른 뒤, 안영은 조정에서 의심을 받아 떠나는 길에 우연히 북곽소의 집 문 앞을 지나가게 되었다. 안영은 갑자기 그가 궁금하고 혹여 '도움이 되지 않을까?' 라는 마음으로 들렀다. 북곽소는 안영을 보자 집으로 모시고 안영에게 물어보았다.

"선생님께서는 어디로 가시는 길이십니까?"

"나는 지금 조정의 의심을 받아 도피하는 중이네."

라고 안영이 대답하니 북곽소는 의외로,

"앞으로 잘 풀리시길 바랍니다."

라고 담담하게 대답했다. 이 말은 들은 안영은 내심 섭섭하여 수레에 타고 가면서 원망투로 말했다.

"내가 사람을 잘못 보았지! 그에게 무슨 도움을 받고자 찾아갔던고?"

안영이 떠나자, 북곽소는 자신의 친구를 찾아가서 '내가 평소 안영의 인의를 흠모했다가 노모를 부양하기 위해 도움을 받은 적이 있었다. 이제 내가 목숨을 걸고 그를 구명해 주어야겠다.' 라고 말하고, 친구에게 검과 대바구니를 들게 하여 자신의 뒤에 따르게 하여 궁중으로 찾아갔다. 그는 궁중 앞에서 다음과 같이 소리쳤다.

"안영은 현자로 지금 임금님과 간신들의 미움과 의심을 받아서 제나라를 떠나가고 있습니다. 그러면 제나라는 반드시 큰 손해를 볼 것입니다. 현자를 잃고 나라도 손해를 보는데, 평민이지만 가만히 지켜볼 수 없습니다. 제가 자결하여 안영이 청렴결백하고 무고하다는 것을 증명하고자 합니다."

이어서 그는 친구에게,

"자네는 내가 자결하면 나의 머리를 대바구니에 담아서 궁중에 나의 뜻을 전해 주기 바라네."
라고 말했다. 그리고 검으로 자신의 목을 베어 자결했다. 그 친구는 북곽소의 머리를 궁중의 문지기에 전하면서 이렇게 말했다.

"이것은 북곽 선생의 머리요. 그가 안영과 나라를 위해서 죽었고, 나도 지금 그를 위해 죽겠소."

그는 말을 마치고 검을 뽑아 자결하고 말았다. 왕은 이 소식을 전해 듣고 대경실색하여 스스로 직접 수레에 타고 안영을 뒤쫓아가서 데리고 왔다. 안영은 전후 사정을 전해 듣고 탄식을 하며 이렇게 말했다.

"나는 가난한 선비의 참된 뜻을 이해하지 못했구나!"

> **주제 요약** '어진 선비는 자기를 알아 주는 자를 위해 죽기를 마다하지 않고, 여인은 자기를 기쁘게 해 주는 자를 위해 예쁘게 단장한다.'는 말이 있다. 진정한 사귐은 빈부와 관계없이 진심에서 우러나와야 한다.

준례편(遵禮篇)
– 예절을 따르라

　　준(遵)은 '따르다.' '순종하다.' 예(禮)는 '예절'을 뜻하며, 준의는 '예절을 따르다.' 란 의미를 지니고 있다. 예절이란 인(仁, 사랑)을 실천하기 위한 형식적인 표현이라 할 수 있다. 따라서 반드시 예절을 잘 따르고 표현하는 것이 중요하다. 예컨대 내가 어떤 상대방에게 사랑하는 마음을 품고 있는데, 겉으로 표현하지 않으면 상대방은 내가 어떤 마음을 지니고 있는지 알 수 없다. 따라서 상대방에게 공경하고 사랑한다는 의미에서 깍듯하게 예의를 차리는 것이다. 또 그 시발점은 부모 형제부터 시작된다.

아버지는 아들의 훌륭함을 말하지 않고,
아들은 아버지의 허물을 이야기하지 말아야 한다.

父不言子之德하고 子不談父之過니라.
부 불 언 자 지 덕   자 부 담 부 지 과

《맹자》에는 옛 사람들이 아버지가 아들을 직접 가르치지 않은 이유에 대하여 다음과 같이 말했다.

공손추가 맹자에게 물었다.

"군자가 자기 아들을 가르치지 않는 것은 무엇 때문입니까?"

맹자가 대답했다.

"힘이 통하지 않기 때문이다. 아버지가 아들을 가르치는 데는 반드시 올바른 것을 가지고 가르치려고 하는데, 통하지 않으면 욕심이 앞서 성을 내게 된다. 즉, '왜 그것을 못 하느냐?'고 성을 내면 도리어 아버지와 아들 사이가 틈이 벌어지게 된다. 또 아들은 '아버지는 나를 올바른 것으로 가르치지만 조급하게 성을 내는 것은 올바른 것이 아니다.'라고 생각하게 되면, 그것으로 인해 아버지와 아들 사이가 서로 서먹해지고 거리를 두게 되는 것이다. 아버지와 아들이 서로 불만을 가지고 해치면 나쁘다. 그래서 옛날에는 아들을 바꿔서 가르쳤고, 아버지와 아들 사이에는 잘 되라고 꾸짖지는 않았던 것이다. 잘 되라고 꾸짖으면 사이가 벌어진다. 사이가 벌어지면 상서롭지 못하기가 그보다 더할 게 없다."

> 주제
> 요약
> 아버지는 아들을 엄하게 가르치면서 자만하지 말라는 뜻에서 훌륭하다는 말을 하지 않는 것이요, 아들은 아버지가 아무리 허물이 있더라도 키워 주신 은혜를 생각해서 허물을 말하면 안 된다.

언어편(言語篇)

- 말을 조심하라

언(言)과 어(語)는 모두 '말'을 뜻한다. 그러나 약간의 의미 차이가 있다. 즉, 언은 자기 스스로 일방적으로 말하는 것이고, 어는 상대방과 더불어 이야기하는 것을 의미한다. 본편에서는 자신이 일방적으로 하는 말부터 남과 더불어 이야기할 때 언제나 말조심을 하며 신중할 것을 강조하고 있다. 말은 그 사람의 인격과 품행을 엿볼 수 있는 것으로 말 한 마디로 천냥 빚도 갚을 수 있고, 불구대천의 원수가 될 수도 있다. 이 때문에 말을 신중히 할 것을 권유하고 있다.

말이 이치에 맞지 않으면 말하지 않는 것만 못하다.

- 유회(劉會)

言不中理면 不如不言이니라.
언 부 중 리   불 여 불 언

주제 엿보기

건전한 논의나 논쟁은 상호 발전을 위해서 좋은 일이
다. 그러나 사람들은 자주 논쟁을 위한 논쟁, 내편과 남
의 편을 가르고 시비를 가리지 않는 경우가 많다. 이럴

경우 차라리 어느 한 편을 일방적으로 편들기보다 말하지 않고 침묵을 유지하는 것이 귀한 것이 된다.

조선 시대 홍문관에는 학이 있는데 숙직하는 여러 관원이 모여 이야기하면서, 어떤 자는 '꼬리가 검다.' 느니 어떤 자는 '날개가 검다.' 느니 하면서 얼른 결정을 못 짓자 어떤 늙은 관리가 대답하기를,

"그 말이 확실히 옳지만 이 말도 그르지는 않다."

라고 하므로 모두 그 까닭을 물었다. 그랬더니 늙은 관리 대답이,

"학이 날 적에는 날개가 검고, 서 있으면 꼬리가 검기 때문이다."

라고 했다. 그래서 듣는 자들이 기절할 뻔했다고 한다.

또 조선 초의 재상을 지냈던 황희는 성질이 너그러워 남의 뜻을 거스르지 아니하여, 어떤 사람이 '삼각산이 무너졌다.' 고 말하면, 다만 '너무 높고 뾰족했었다.' 고 대답하고는, 이윽고 또 '그렇지 않았다.' 고 말하면 '기세가 완전하고 굳건했다.' 고 대답했다고 한다. 이러한 처세관은 주관이 없는 것이 아니고 상대방의 말을 듣고 그 가능성과 합당함을 인정해 준 결과인 것이다.

주제요약 '더불어 말할 수 있는 사람인데도 말하지 않으면 사람을 잃는 것이요, 더불어 말하지 못할 사람인데 말하면 말을 잃는 것이다.'라는 옛말이 있다. 서로 의기투합하고 이치에 맞으면 얼마든지 소통할 수 있으나, 그렇지 못한 경우 쓸데없이 소모적인 논쟁을 할 필요가 없다.

입과 혀는 화의 근심의 문이요,
몸을 망치는 도끼이다.

– 군평(君平)

口舌者는 禍患之門이요 滅身之斧也니라.
구 설 자   화 환 지 문   멸 신 지 부 야

한자 풀이

舌(혀 설) 禍(재앙 화) 患(근심 환) 滅(망할 멸)
斧(도끼 부)

어휘 풀이

口舌(구설) : 입과 혀.

禍患(화환) : 재앙과 근심.

滅身(멸신) : 몸을 망치다.

중국 전국 시대 때 평원군 조승은 빈객을 좋아하여 수천 명의 식객이 그의 집으로 찾아왔다. 평원군의 저택은 이층인데, 민가로 향해 있었다. 하루는 평원군의 애첩이 이층에서 절름발이가 물을 긷는 모습을 바라보며 허리가 끊어지게 웃었다. 다음 날 절름발이가 평원군의 문전에 와서 이렇게 말했다.

"저는 당신이 선비를 좋아하고 첩을 천하게 여긴다고 들었습니다. 때문에 선비가 천리길을 멀다고 생각하지 않고 믿고 찾아오는 것입니다. 제가 불행하게 곱추가 되는 병에 걸렸지만 당신의 첩이 저를 내려다보고 조소했습니다. 원컨대 제게 조소한 첩의 목을 주십시오."

평원군이 웃으면서 '좋소'라고 하고 절름발이가 돌아가자, 다시 평원군이 웃으면서 말했다.

"하하! 저놈이 내 애첩이 한 번 웃었다고 죽이라고 하니 너무 심하지 않은가."

라며 결국 애첩을 죽이지 않았다. 그 후 일 년 남짓이 지나자 갈수록 찾아오는 선비와 가신들이 줄어들고 절반 이상이 가버리고 말았다. 평원군이 이상하게 여겨 식객들에게 말했다.

"내가 여러분에게 대우하여 큰 실수를 한 적이 없는데 떠나는 사람이 많으니 도대체 무슨 일입니까?"

식객 중의 한 사람이 나와서 대답했다.

"당신께서 절름발이를 조소한 첩을 죽이지 않는 것을 보고, 당신은 어색을 사랑하고 선비를 천대하는 인물이라 여겨 선비들이 떠나는 것입니다."

그래서 평원군은 절름발이를 조소한 애첩의 목을 베어가지고 친히 그 집까지 찾아가 사과를 했다. 그랬더니 떠나갔던 선비들이 다시 모이기 시작했다.

> **주제 요약** 경박한 언행은 화의 근원이 된다. 항상 전후 사정을 살피고 신중하게 생각하고 말하며 행동하는 습관을 길러서 실수하는 일이 없도록 노력해야 한다.

남을 이롭게 하는 말은 솜옷처럼 따스하고
남을 다치게 하는 말은 가시처럼 날카롭다.
남을 이롭게 하는 한 마디 말은
천금의 값어치가 나가고
남을 다치게 하는 한 마디 말은
칼로 베는 것처럼 아프다.

利人之言은 煖如綿絮하고
이 인 지 언　　　난 여 면 서

傷人之語는 利如荊棘이라.
상 인 지 어　　　이 여 형 극

一言利人에 重值千金이요
일 언 이 인　　　중 치 천 금

一語傷人에 痛如刀割이니라.
일 어 상 인　　　통 여 도 할

利(이로울 이) 言(말씀 언) 煖(따뜻할 난) 絮(솜 서)

荊(가시나무 형) 棘(가시나무 극) 値(값 치) 痛(아플 통)

刀(칼 도) 割(베다, 쪼갤 할)

어휘 풀이

利人(이인) : 남을 이롭게 하다.

傷人(상인) : 남을 상하게 하다.

綿絮(면서) : 솜옷.　荊棘(형극) : 가시.

刀割(도할) : 칼로 베다.

주제 엿보기

　중국 제나라의 재상 안영은 박학 다식하고 언변에 능했다. 그러나 외모가 왜소하고 못생겨서 자주 비웃음을 샀다. 한 번은 안영이 초나라에 사신으로 갔는데, 초나라 왕이 그를 놀리기 위해 대문 옆에 작은 문을 세워서 그 문으로 들어오라고 했다. 이에 안영이 말했다.

　"만일 개나라에 사신으로 왔다면 개 문을 이용해야겠지만 지금 초나라의 사신으로 왔으니 대문으로 들어가야 마땅하지 않는가?"

이에 접대하는 사람이 다시 대문으로 안내했다. 초나라 왕이 안영이 도착한 것을 보고 말했다.

"제나라에는 인재가 그리도 없습니까? 어째서 당신처럼 볼품없는 사람이 우리나라 사신으로 왔습니까?"

안영이 말했다.

"제나라에서 사신을 파견하는 기준은 재주와 덕입니다. 어진 사람은 어진 나라에 보내고 못난 사람은 못난 나라에 파견합니다. 그런데 저는 못난 외모 때문에 초나라의 사신으로 보내졌습니다."

초나라 왕은 한 마디도 말하지 못했다. 또한 내심 승복할 수 없어서 제나라 출신 도적 하나를 잡아다 놓고 안영에게 말했다.

"이 사람은 제나라 출신의 도적놈이오. 제나라에는 도적놈이 그리도 많소?"

안영은 조금도 위축되지 않고 대답했다.

"회남(淮南)의 귤을 회북(淮北)으로 옮겨 심으면 탱자가 됩니다. 나라의 환경도 이와 같습니다. 저 사람은 제나라에서 도적질을 하지 않았는데 초나라에 와서 도적질을 했다면 초나라의 풍속이 문란한 데서 원인을 찾아야 하지 않을까요?"

초나라 왕은 쓴웃음을 지으면서 말했다.

"허허, 당신을 놀려 줄 생각이었는데, 뜻밖에 내 스스로 놀림감이 되어 버렸소. 현명한 사람에게 함부로 행동하는 것이 아니었소."

안영의 정정당당한 기개와 재치가 돋보인다.

또 다른 고사이다. 제나라 왕의 등에 악성 종기가 났다. 이때 고자와 국자가 병문안을 왔는데 왕이 그들에게 말했다.

"너희들은 나의 등짝에 난 종기를 살펴보아라. 종기에 열이 나는 것이 보이더냐? 열과 색깔은 어떻고 크기는 얼마나 되느냐? 또 종기에 난 고름은 어떤 모습인가?"

고자가 말했다.

"열이 심한 것 같습니다. 종기에서 불이 나는 것 같은데, 덜 익은 배 색깔을 띠고 있으며, 크기는 먹는 콩만 합니다. 고름은 헌 가죽신이 곧 터질 것 같은 형상입니다."

고자와 국자가 나간 뒤에 안영이 찾아왔다. 왕은 안영에게도 똑같은 질문을 했다. 이에 안영이 대답했다.

"열이 태양 빛같이 따스합니다. 종기의 색깔은 청석(靑石)의 옥색 같고, 그 모양 또한 옥과 같습니다. 고름은 옥을 걸어 놓은 형상입니다."

안영이 물러가고 난 다음 경공이 탄식을 하며 말했다.

"나는 저처럼 도덕 수양이 된 바른 사람을 보지 못했다. 저속한 고자와 국자와는 비교할 바가 아니다."

주제 요약 '말 한 마디에 천냥 빚도 갚는다.'는 속담이 있다. 이는 똑같은 말이라도 상대방을 기분 좋게도 또는 나쁘게도 할 수 있다는 말이다. 물론 아첨이나 아부를 통해서 상대방의 기분을 무조건 맞추라는 말은 아니다. 아첨이나 아부가 아니더라도 우리 주변에는 얼마든지 고운 말이 많기 때문이다.

입은 사람을 찍는 도끼요, 말은 혀를 베는 칼이니
입을 닫고 혀를 깊이 감추면
몸은 어디 있든 편안하리라.

口是傷人斧요 言是割舌刀니
구 시 상 인 부　　 언 시 할 설 도

閉口深藏舌이면 安身處處牢니라.
폐 구 심 장 설　　 안 신 처 처 뢰

한자 풀이

口(입 구) 是(이, 옳을 시) 傷(상처 상) 斧(도끼 부)
藏(감출 장) 牢(굳을 뢰)

어휘 풀이

傷人(상인) : 사람을 상하게 하다.
舌刀(설도) : 혀를 베는 칼.　閉口(폐구) : 입을 닫다.

중국 삼국 시대에 오나라의 대신 제갈근의 아들인 제
갈각은 신동으로 유명했다. 한 번은 손권이 제갈각이 총
명하다는 말을 듣고 직접 시험하고 싶었다. 그래서 수하
에게 한 마리의 당나귀를 가져오게 한 다음, 종이 위에
'제갈자유(諸葛子瑜)'라는 글을 써서 당나귀의 얼굴에
붙였다. '제갈자유'는 제갈각의 부친인 제갈근의 자(字)
로 그의 생김새가 당나귀와 몹시 닮았기 때문이었다. 이
광경을 보고 여러 신하들은 모두 웃기 시작했다.

그때 제갈각은 손권의 곁으로 가서 공손히 붓을 빌려
서 당나귀의 얼굴 위에 써 붙인 '제갈자유' 옆에 '지려
(之驢)'라고 썼다. 즉 '제갈자유의 당나귀'라는 뜻으로
바꿨다. 이 일은 제갈 부자에겐 치욕적인 일이라 손권
도 본래 그렇게까지 심하게 하지 말았어야 하는데, 제
갈각이 고치고 나서 대단히 익살스럽게 변했다. 그래서
좌중은 그를 찬탄하고, 다시 화기애애한 분위기가 되었
다. 손권도 미안한 탓에 웃으면서 그에게 말했다.

"이 당나귀를 너에게 선사하마."

한 번은 태자가 기분이 나쁜 일이 있어 다른 사람에

게 화풀이를 하고자 하는데, 마침 제갈각이 자기 눈앞에 보였다. 태자는 그에게 무지막지하게 이렇게 욕했다.

"제갈각은 말 오줌을 먹어라!"

이 소리를 들은 제갈각은 공손하게 회답했다.

"태자께선 계란이나 드시지요!"

손권이 곁에서 그 소리를 듣고 기이하여 제갈각에게 물어보았다.

"태자는 너에게 말 오줌을 먹으라고 했는데, 너는 태자에게 계란이나 드시라고 한 것은 무슨 연고인가?"

제갈각이 대답했다.

"계란이나 말 오줌이나 모두 엉덩이 꽁무니에서 나온 것이 아닙니까? 맛은 다르나, 나오는 곳은 마찬가지입니다."

손권이 듣고 박장대소했다. 그러나 후일, 제갈각은 고집이 세고 남에게 뒤지기 싫어하며 재능만을 믿고 겸손하지 못해서 손량에 의해 비참하게 죽었다.

주제
요약

《논어》에 '교묘하게 말을 하고 낯빛을 꾸미는 자는 인자함이 적다.'는 말이 있다. 교묘한 말로 상대방의 기분을 좋게도 나쁘게도 만든다. 그러나 겸손하지 못하고 도에 지나치면 끝내는 돌이킬 수 없는 화를 자초하게 된다.

교우편(交友篇)
- 친구를 잘 사귀라

　　교(交)는 '사귀다.' 우(友)는 '친구'를 뜻하
며, 교우는 '친구를 사귀다.'란 의미를 지니고
있다. 벗 사귐에 관해 맹자는 다음과 같은 말
을 한 적이 있다. '벗을 사귄다는 것은 그 사람
의 덕을 사귀는 것이다.' 증자는 또한 이런 말
을 했다. '군자는 글을 통해서 벗을 모으고, 벗
을 통해서 인을 이루는 데 도움을 받는다.' 본
편은 진정한 벗을 사귀는 법에 대한 글들이 실
려 있다.

착한 사람과 같이 지내면 향기로운 지초와 난초가
있는 방 안에 들어간 것과 같아서 오래 되면 그 향기
를 맡지 못하나 곧 더불어 그 향기에 동화된다.
나쁜 사람과 같이 있으면 비린내 나는 생선 가게에
들어간 것과 같아서 오래 되면 그 악취를 맡지 못하
나 또한 더불어 그 냄새에 동화된다.
빨간 물감을 담은 것은 붉어지고, 검은 옷을 지니고
있으면 검어진다. 그러므로 군자는 반드시 함께 지
내는 사람에 대해 신중해야 한다.

— 공자

與善人居면 如入芝蘭之室하여 久而不聞其香이나
여 선 인 거   여 입 지 란 지 실   구 이 불 문 기 향

卽與之化矣요 與不善人居면 如入鮑魚之肆하여
즉 여 지 화 의   여 불 선 인 거   여 입 포 어 지 사

久而不聞其臭이나 亦與之化矣니
구 이 불 문 기 취   역 여 지 화 의

丹之所藏者는 赤하고
단 지 소 장 자   적

漆之所藏者는 黑이라.
칠 지 소 장 자   흑

是以로 君子는 必愼其所與處者焉이니라.
시 이   군 자   필 신 기 소 여 처 자 언

한자 풀이

芝(지초, 영지버섯 지) 蘭(난초 란)

聞(들을, 냄새 맡다 문) 香(향기 향) 鮑(절인 어물 포)

肆(방자할, 가게 사) 丹(붉을, 단사 단) 藏(감출 장)

赤(붉을 적) 漆(옻 칠) 愼(삼갈 신)

어휘 풀이

芝蘭(지란) : 지초와 난초. 선인(善人)이나 군자를 비유
         하기도 함.
鮑魚之肆(포어지사) : 생선 가게.

신흠(申欽 1566~1628)의 좋은 친구를 가려 사귀는 글
이다.

북산에서 나는 나무가 비록 아름답지만 궁궐은 짓는
데에 쓰자면 반드시 자르고 다듬어야 되고, 곤륜산에서
나는 옥이 비록 아름답지만 제후들이 갖는 인장(印章)으
로 쓰자면 반드시 쪼고 갈아야 된다. 사람의 자질도 비
록 아름답게 타고났지만 활용해서 재능과 학문이 되게
하자면 반드시 벗이 도와 주어야 된다. 벗이 어질지 못
하면 자못 서툰 목수가 재목을 다듬고 용렬한 장인이
옥을 다듬는 것과 같으므로 필연코 이루어지지 않을 것
이다.

수많은 인파 속에 놀면서 제일가는 사람과 벗을 삼지
못하면 선비가 아니다. 자신이 제일가는 사람이 된 다
음에 제일가는 사람이 찾아오는 법이므로, 제일가는 사
람과 벗 삼고자 한다면 먼저 자신이 제일가는 사람이
되게 해야 한다. 제일이라 하는 것도 한 가지가 아니다.
문장의 분야에서 제일가는 것도 제일이고, 재주 중에서
제일가는 것도 제일이며, 기술의 분야에서 제일가는 것

도 제일이고, 풍채 중에서 제일가는 것도 제일이다. 또한 말을 제일 잘 하는 것도 제일이니, 제일인 것은 마찬가지이지만 모두 내가 말하는 제일은 아니다. 내가 말하는 제일은 오직 덕이 제일가는 것과 학문이 제일가는 것이다.

주제 요약 친구를 가려 사귀는 까닭은 서로 도와서 간절하고 진지하게 선을 권하기 위함이다. 그래야 서로 성장할 수 있다. 공자는 친구를 사귐에 '신의를 위주로 하며, 나보다 못한 사람을 사귀지 말라.'고 했다. 때문에 나보다 좋은 친구를 사귀려 하면 우선 스스로 좋은 사람이 되도록 노력해야 한다.

술 마시고 밥 먹을 때는
형 아우하던 친구가 천 명이더니,
다급하고 어려울 때는 도와 줄 친구 하나 없네.

酒食兄弟는 千個有로되 急難之朋은 一個無니라.
주 식 형 제　　　천 개 유　　　　급 난 지 붕　　　일 개 무

한자풀이

酒(술 주) 食(밥 식) 個(낱 개) 有(있을 유) 急(급할 급)
難(어려울 난) 朋(벗 붕) 無(없을 무)

어휘풀이

急難之朋(급난지붕) : 다급하고 어려울 때 도와 줄 친구.

주제 엿보기

한나라 효무제 때의 책공은 형벌을 맡은 관직인 정위
(廷尉)가 되었다. 그러자 평생 교분이 없었던 손님들까

지 집 문 앞에 가득 찼다. 중간에 정위의 벼슬자리를 잃어버리게 되었는데, 문 앞에 참새를 잡는 그물인 작라(雀羅)를 칠 정도로 한산했다. 나중에 다시 정위가 되니 손님들이 모여들기 시작했다. 이에 책공은 분개하여 문 앞에다 이렇게 크게 글을 써 두었다.

"한 번 죽을 뻔했다기 살았더니 사귐의 진정을 알고, 한 번 가난했다가 부유해졌더니 사귐의 실태를 알게 되었고, 한 번 귀해졌다가 천해지니 사귐의 진정이 드러났다."

책공은 고급 관리를 지냈는데도 사람들과 사귐의 진실과 어려움을 이렇게 토로했는데, 하물며 보통 사람들의 사귐에 있어서는 말할 나위도 없다.

> **주제 요약** 한평생 진정한 친구 하나를 사귀기 어렵다. 때문에 '얼굴 아는 사람이야 세상에 가득해도 내 마음 알아 줄 이 과연 몇일까?' '장부는 나를 알아 주는 사람을 위해 죽기를 마다하지 않는다.' 라는 말이 유행했다. 친구를 많이 사귀기보다 하나라도 진실되게 사귀는 것이 소중하다.

열매를 맺지 않는 꽃은 심지 말고,
의리가 없는 친구는 사귀지 말라.

– 공자

不結子花는 休要種이요 無義之朋은 不可交니라.
불 결 자 화   휴 요 종   무 의 지 붕   불 가 교

한자풀이

結(맺을 결) 子(아들, 씨, 열매 자) 花(꽃 화)
休(쉴, 그치다, 말다 휴) 種(심을 종) 交(사귈 교)

어휘풀이

子花(자화) : 씨와 꽃.   休要(휴요) : ~하지 마라.

방몽이란 자가 예한테서 궁술을 배웠는데, 예의 기술을 있는 대로 다 배워 가지고 나서 혼자서 생각하기를 '이 세상에서 활 쏘는 기술로 말할 것 같으면 나한테 궁술을 가르쳐 준 예 한 사람만이 나보다 기술이 나을 뿐이다.'라며 방몽은 마침내 자기에게 궁술을 가르쳐 준 예를 죽여 버렸다.

맹자께서 이 일을 평하여 말씀하시길,

"그렇게 한 것은 물론 방몽이 나쁘지만 죽은 예 자신에게도 제자를 잘 선택하지 못한 잘못이 있다."

라고 했다. 공명의는 이 일을 평하여 말하기를,

"내가 보기에 예에게는 거의 잘못이 없는 것 같다."

고 했다. 맹자께서 예에게 죄가 있음을 다음과 같이 설명했다.

"그 죄가 대단치 않다 뿐이지, 어떻게 죄가 없다고야 할 수 있겠는가?"

하고 비슷한 예를 들어 말씀하셨다.

정나라에서 자탁유자를 시켜 위나라를 침공하게 했다. 그랬더니 위나라에서는 유공지사를 시켜서 자탁유

자를 추격하게 했다. 추격을 받은 자탁유자는 공교롭게 병이 나서 활도 잡지 못할 처지라 제대로 응전도 못하고 꼼짝없이 죽을 상황이었다. 그래서 자기 하인에게 물었다.

"나를 추격하는 자가 누구냐?"

"유공지사입니다."

"아, 나는 살았다."

하인은 그의 말을 듣고 의아하게 여긴 나머지 다시 물었다.

"유공지사로 말하면 위나라에서 활 잘 쏘기로 이름난 사람인데, 주인님께서 나는 살았다고 말씀하시는 건 무슨 까닭이십니까?"

"유공지사는 원래 윤공지타에게 궁술을 배웠는데, 윤공지타는 나에게 궁술을 배웠다. 그런데 윤공지타라는 사람은 올바른 사람이기 때문에 그가 친구를 잘 선택해서 궁술을 가르쳐 주었을 것이다. 때문에 유공지사는 나를 반드시 친구로 여기고 죽이지 않을 것이다."

이윽고 추격해 오던 유공지사가 자탁유자가 있는 데까지 따라와서 그를 보고 물었다.

"선생은 내가 추격해 오는데 무엇 때문에 활을 잡고 응전하지 않으십니까?"

"나는 지금 병이 나서 활을 잡을 수가 없소."

"소인은 윤공지타에게 궁술을 배웠고, 그는 선생에게 궁술을 배웠습니다. 이제 나는 선생의 기술을 가지고 선생을 차마 살해하지는 못하겠습니다. 제 심정은 그러하지만 오늘 제가 맡은 임무는 우리 임금의 명령을 받들어 하는 일이므로 나는 그 일을 그만두어 버릴 수는 없습니다."

그리고 나서 활 통에서 활을 뽑아 살 끝의 활촉을 없애버린 다음에, 활촉이 없는 화살 네 개를 발사한 후에 돌아가 버렸다.

주제 요약 올바르지 못한 사람을 선택하여 사귄다든지 제 자로 받아들여 가르치면 그 결과는 자신에게 큰 화가 미치게 된다. 또 그 선택한 책임은 자기 자신에게 있다. 반대로 바른 사람과 사귀고 가르치면 서로에게 복이 된다.

군자의 사귐은 담박하기가 물과 같고,
소인의 사귐은 달콤하기가 단술과 같다.

- 공자

君子之交는 淡如水하고 小人之交는 甘若醴니라.
군 자 지 교　　담 여 수　　　소 인 지 교　　감 약 례 중국 전국 시대, 조나라에는 두 문무 명신이 있었다. 문신은 인상여이고, 무신은 염파였다. 그런데 무신인 염파 장군은 진(秦)나라와 전쟁에서 여러 차례 승리하여 혁혁한 공을 세웠는데도 불구하고 인상여보다 지위가 낮았다. 그래서 항상 불만을 품고 인상여에게 무례한 언행을 일삼았는데도 인상여는 신경쓰지 않았다. 심지어 조정이나 길거리에서 염파를 만나게 되면 피하는 등, 사전에 충돌을 막았다.

이에 인상여의 가신들이 말했다.

"공은 염파 장군보다 지위가 낮은 것이 아닌데, 항상 그를 두려워하고 회피하시니 공을 모시고 있는 저희들이 창피하고 부끄럽습니다. 저희들은 더 이상 공을 섬길 수 없습니다."

인상여가 대답했다.

"나는 진나라 왕도 두렵게 생각하지 않는데, 염파 장군을 두렵게 생각하겠느냐? 다만 진나라가 감히 우리 조나라를 침략하지 못하는 것은 나와 염파 장군이 있기 때문이다. 지금 두 호랑이가 어울려서 싸우면 결국은

둘 다 살지 못한다. 내가 염파를 피하는 까닭은 국가의 위급을 먼저 생각하고 사사로운 원수를 뒤로 미루기 때문이다."

염파가 이 말을 듣고 웃통을 벗고 가시 회초리를 지고 빈객을 통해서 인상여의 문전에 이르러 사죄하여 말했다.

"제가 생각이 모자랐습니다. 나는 공께서 이렇게까지 사려가 깊은 분인지 몰랐습니다."

드디어 두 사람은 서로 우의가 통하여 목이 잘려도 후회하지 않을 정도로 친한 사이인 '문경지교(刎頸之交)'를 맺었다.

한편 진나라는 염파 때문에 번번이 전쟁에서 패배하자 조나라에 계책을 써서 염파를 해임시키고 그 대신 조괄에게 병권을 맡게 했다. 그리되자 염파의 집에는 예전에 자주 드나들던 다수의 빈객들의 발길이 끊어지고 말았다. 그런데 조괄이 진나라의 전쟁에서 대패하여 염파가 다시 복직이 되자 빈객들이 다시 몰려들었다. 그 때 염파는 다음과 같이 말했다.

"시정잡배 같은 자들은 모두 물러가라!"

주제 요약 군자의 교제는 담박하기 때문에 오래도록 지속되지만, 소인의 교제는 단술과 같이 달콤하나 이익만을 생각하기 때문에 이해 관계가 없어지면 교제도 끊어진다는 뜻이다.

길이 멀어야 말의 힘을 알 수 있고,
시간이 흘러야 사람의 마음을 알 수 있다.

　　　　　　　　　　　　　　　　　　　－ 공자

路遙知馬力이요 日久見人心이니라.
노 요 지 마 력　　　　　일 구 견 인 심

한자풀이

路(길 로) 遙(멀 요) 知(알 지) 馬(말 마) 力(힘 력)
日(해 일) 久(오랠 구) 見(볼 견) 人(사람 인) 心(마음 심)

어휘풀이

馬力(마력) : 말의 힘.　人心(인심) : 사람의 마음.

이상적은 사역원(司譯院)의 통역관으로 중국에 드나든 것이 열두 차례나 된다. 비록 통역관이었지만 시문을 잘하고 글씨를 잘 써서 중국의 오승량 · 유희해 · 하소기 · 섭윤신 같은 명사들과 사귀어 천하에 이름이 알려졌다.

또 국내에서는 일찍이 추사 김정희의 학문을 사모하여 정성을 다해 배우고 교유했다. 또 북경에 들어갈 적마다 반드시 새로 간행된 진귀한 서적을 구하여 김정희에게 주곤 했다.

한 번은 김정희가 바다 멀리 떨어진 곳으로 유배를 받았는데, 이때도 어김없이 서적과 안부의 글을 보내주었다. 김정희는 그의 정의(情義)에 감격하여 잣나무와 소나무는 추위를 겪으면서도 변하지 않는다는 뜻이 담긴 〈세한도〉를 그리고, 글을 써서 자기의 뜻을 이상적에게 전했다. 이는 두 사람의 우정은 어떤 상황이나 세월이 지나도 변하지 않는다는 뜻이다. 이상적은 또 김정희의 〈세한도〉를 가지고 북경에 들어가서 중국의 명사들에게 찬사(贊辭)와 제시(題詩)를 받아왔다. 이로 인하여 〈세한도〉의 이름은 만천하에 알려지게 되었다.

주제
요약

'정승 집안의 개가 죽었을 때는 문상을 가도, 막상 정승이 죽었을 때는 문상을 가지 않는다.'는 말이 있듯이 어떤 사람들은 자신들의 이익에 따라 사람을 사귄다. 왕래하는 사람의 상황이 좋을 때나 어려울 때도 변함 없이 교유하며 서로 도움을 주고받는 것이 진정한 사귐이다.

부행편(婦行篇)

- 훌륭한 여성이 되라

부(婦)는 '부녀자', '아내', '며느리' 등을 뜻하는데, 여성을 통칭하기도 한다. 행(行)은 '행실'을 뜻한다. 따라서 부행이란 '부녀자의 행실'이란 의미를 지니고 있는데, 여성들의 바른 행실과 역할에 대한 글들이 수록되어 있다. 그 내용 중에 오늘날에 적용하기 어려운 생활 방식들도 있으나 그 정신만은 계승할 필요가 있다.

여성에게는 아름다운 네 가지 덕목이 있으니
첫째는 부덕이요, 둘째는 용모이며,
셋째는 말씨, 넷째는 솜씨이다.

―《익지서》

女有四德之譽하니 一日婦德이요 二日婦容이요
여 유 사 덕 지 예   일 왈 부 덕   이 왈 부 용

三日婦言이요 四日婦工也니라.
삼 왈 부 언   사 왈 부 공 야

한자풀이

德(덕성 덕) 譽(기릴 예) 婦(며느리, 아내 부) 容(얼굴 용)
言(말씀 언) 工(장인, 솜씨 공) 也(어조사 야)

어휘풀이

婦德(부덕) : 여성의 덕성.　婦容(부용) : 여성의 용모.
婦言(부언) : 여성의 말씨.　婦工(부공) : 여성의 솜씨.

여성의 아름다운 네 가지 덕목에 대해서 《익지서》에 다음과 같이 자세히 소개하고 있다. 여성의 덕성이란 반드시 재주가 남달라 이름이 나야 함을 뜻하지 않는다. 여성의 용모란 반드시 얼굴이 예쁨을 뜻하지 않는다. 여성의 말씨는 반드시 입담이 좋아서 말 잘함을 뜻하지 않는다. 여성의 솜씨란 반드시 손재주가 남보다 뛰어남을 뜻하지 않는다.

여성의 덕성은 마음이 맑고 곧아 염치와 절도가 있고 분수를 지켜 마음을 바르게 가다듬으며 몸가짐에 수줍음이 있고 움직임에 법도가 있는 것, 이것이 바로 여성의 덕성이다.

여성의 용모는 먼지와 때를 씻고 옷차림을 깨끗이 하며 목욕을 제때에 하여 몸에 더러움이 없도록 하는 것, 이것이 바로 부인의 용모이다.

여성의 말씨는 본보기가 되는 말을 가려 하고 예의에 어긋나는 말을 하지 않으며 꼭 말해야 할 때 말하여 사람들이 그 말을 싫어하지 않는 것, 이것이 바로 여성의 말씨이다.

여성의 솜씨는 오로지 길쌈을 부지런히 하고 술 빚기를 좋아하지 않으며 맛난 음식을 장만해서 손님을 대접하는 것, 이것이 바로 여성의 솜씨이다.

　이 네 가지 덕목은 여성이 빠뜨려서는 안 되는 것이다. 하기가 매우 쉽고 힘쓰는 것이 올바르니 이에 따라 하는 것이 바로 여성의 범절이다.

> **주제**
> **요약** 위에서 말한 여성의 아름다운 네 가지 덕목 중, 여성의 솜씨는 오늘날의 여성 관념이나 실생활을 대할 때에 약간의 차이와 문제가 생길 수 있다. 그러나 나머지 덕성은 오늘날에도 통용될 수 있는 훌륭한 여성관이다.

현명한 아내는 남편을 귀하게 만들고,
못된 아내는 남편을 천하게 만든다.

— 태공

賢婦는 令夫貴요 侫婦는 令夫賤이니라.
현 부　영 부 귀　영 부　영 부 천

한자 풀이

賢(현명할 현) 婦(아내 부) 令(하여금 령) 夫(지아비 부)
貴(귀할 귀) 侫(바르지 못할 영) 賤(천할 천)

어휘 풀이

賢婦(현부) : 현명한 아내.　侫婦(영부) : 못된 아내.

주제 엿보기

　고려 왕건의 부인인 신혜왕후는 유천궁의 딸이다. 궁
예가 다스렸던 후고구려 말기에 신숭겸·배현경·홍

유·복지겸 등의 장수들이 왕건의 집에서 궁예를 폐위시키고 왕건을 태조로 즉위시키는 문제를 상의하기 위해서 모였다. 왕건은 신혜왕후가 그 사실을 아는 걸 원치 않아서 왕후에게 말했다.

"밭에 아마 새로 익은 참외가 있을 것이니, 가서 따오시오."

그러자 왕후는 그 의도를 알아채고는 나갔다가 다시 북쪽 문을 통해 장막 안으로 들어왔다. 때마침 여러 장수들이 왕건을 왕으로 추대하니 왕건이 화를 내면서 완강하게 거절했다. 그런데 왕후가 갑자기 장막 안에서 나와 왕건에게 말했다.

"의로운 사람을 천거해서 나쁜 사람을 대신하는 것은 옛날부터 있었던 일입니다. 지금 여러 장수들의 의논을 들으니 저 같은 아녀자도 의기가 솟아나는데, 대장부가 가만히 계시면 되겠습니까?"

그리고 손수 갑옷 깃을 들어서 입혀 주니, 여러 장수들이 옹위하여 나가서 결국에 궁예를 쫓아내 버렸다. 왕건은 슬기로운 아내의 권유로 인해 존귀한 왕이 되었던 것이다.

이와 반대로 못된 아내 덕분에 망신살이를 한 경우도 있다. 즉, 조선 중종 임금 때에 영의정을 지냈던 송질은 점잖은 사람으로 유명했으나 그 아내의 투기는 그 집안을 추악하고 천하게 만들었다.

어느 날 송 정승의 세숫물 시중을 드는 어린 여자 종이 세숫물을 갖다 놓고 수건을 들고 서 있었다. 송 정승이 세수를 마치고 얼굴을 닦으려고 수건을 받으려는 순간 여자 종의 손을 보니 희고 통통하여 옥비녀를 묶어 놓은 듯 어여쁘기 짝이 없었다. 송 정승은 아무 다른 뜻이 없이,

"고년 손도 참 이쁘기도 하구나."

하고는 한 번 여자 종의 손을 어루만져 보았다.

얼마 후, 송 정승이 아침 식사를 하려고 밥상을 대하여 밥그릇을 열어 보니 담겨 있던 것은 선혈이 낭자한 어린 아이의 손목이었다.

이는 송 정승의 아내가 조금 전에 세수를 하고 나서 어린 여자 종의 손을 만지는 것을 보고 질투를 참지 못하고 그 여자 종의 손목을 잘라 낸 것이었다.

대경실색한 송 정승은 여자 종의 생사 여부를 물었더

니, 생명에는 지장이 없다는 보고를 받고 다소 안심을 하였으나 사후에 일어날 일에 좌불안석이 되었다.

그리하여 어린 여자 종의 아비를 불러서 자초지종을 설명하고, 관에 고발하지 않는 조건으로 노예 문서를 불태우고 황해도 어느 고을에 있는 토지 열 마지기를 주고 무마시켰다. 그러나 아내 때문에 떨어진 집안의 명예는 회복할 수 없었고, 두고두고 세상 사람들의 손가락질을 받았다.

주제요약 여자를 잘 가르치면 남의 집안을 흥하게 만들고, 가르치지 않으면 남의 집안을 망하게 한다는 말이 있다. 어질고 현명한 아내를 맞이하는 것은 복 중에 큰 복이라 할 수 있고, 시기하고 질투하는 아내를 맞이하면 화 중에 가장 큰 화를 초래하게 된다.

집안에 현명한 아내가 있으면
남편이 뜻밖의 재앙을 만나지 않는다.

家有賢妻면 夫不遭橫禍니라.
가 유 현 처   부 부 조 횡 화

한자풀이

家(집 가) 遭(만날 조) 橫(가로, 뜻밖 횡) 禍(재앙 화)

어휘풀이

橫禍(횡화) : 뜻밖의 재앙.

주제 엿보기

동한 시대, 하남 출신인 악양자는 일찍이 길을 가다
가 황금 한 덩어리를 주웠다. 기쁘게 집으로 돌아와 아내에게 보여 주니, 아내가 이렇게 말했다.

"첩은 뜻 있는 선비는 샘물도 훔쳐 마시지 아니하고, 청렴결백한 사람은 남들이 '옜다.' 하고 던져 주는 음식은 사절한다고 들었습니다. 하물며 길거리에서 남이 잃어버린 황금을 주워서 자기의 사리 사욕을 채우려고 하십니까?"

악양자는 부끄러워 황금을 들판에다 버리고 돌아와서, 훌륭한 스승을 찾아 학문을 성취하겠다고 했다. 그 말을 들은 아내는 매우 기뻐하며 하루빨리 학문을 성취하고 돌아오라고 격려했다. 그리고 일 년이 지난 후 악양자가 집으로 돌아왔다. 아내가 공손하게 절을 올린 후에 학문을 성취하고 돌아왔느냐고 물었다. 악양자가 말했다.

"아니오. 집 떠난 지 오래되어 당신이 그리워서 돌아왔소."

이에 아내는 크게 실망하고 곧 칼을 들고 베틀로 가서 거의 다 짜놓았던 직물을 자르면서 이렇게 말했다.

"이 직물은 누에고치에서 나오는 것인데, 이 베틀로 한 올 한 올씩 쉴새없이 짜야 겨우 한 필의 옷감이 되는 것입니다. 이제 제가 짜기가 싫어서 베어 버렸으니 한 필의 옷감 역할도 못 할 뿐더러 그동안 짠 시간과 공로도 수포로 돌아갔습니다. 서방님이 학문을 하는 것도 마찬가지입니다. 지금 그만두신다면 제가 이 옷감을 베어 버린 것과 무엇이 다르겠습니까?"

아내의 말에 감복된 악양자는 다시 집을 떠나 오로지 학문에 매진하여 마침내 존경받는 인물이 되었다.

> **주제요약** 악양자의 아내는 자신과 생활의 불편함을 감수하면서 남편을 바른길로 인도하고 또 출세시켰다. 이는 집안에 현명한 아내가 있다면 남편에게 찾아온 뜻밖의 재앙도 막을 수 있다는 한 사례일 뿐이다. 대부분의 어머니들은 남편과 자식을 위해 자신을 희생하여 가정의 행복을 지킨다.